CHRISTINA RICHON

einfach WAFFELN

Mit der kostenlosen »GU-Einfach-Kochen«-App zum Buch hast Du Deine Lieblingsrezepte immer dabei!

Und so einfach geht's:

Lade die kostenlose »GU-Einfach-Kochen«-App im Apple App Store oder im Google Play Store auf Dein Smartphone. Starte die App und wähle Dein Buch aus. Scanne das gewünschte Rezeptbild mit der Kamera Deines Smartphones. Klicke im Display auf die Funktionen Deiner Wahl: Sammele Deine Lieblingsrezepte und teile sie mit Deinen Freunden, speichere und verschicke Deine Einkaufslisten per E-Mail oder finde ganz einfach den nächsten Supermarkt in Deiner Nähe.

EXTRAS UND SERVICE

4 Basics für Waffelbäcker
6 Nützliche Waffelhelfer
8 Maße, Gewichte & Co.
10 Grundrezept süße Waffeln
12 Zutaten
14 Grundrezept Rote Grütze
16 Gluten- und laktosefreie Waffeln
18 Tauschbörse
124 Register
128 Impressum

20 SÜSSE WAFFELN

22 Amarenawaffeln
26 Belgische Waffeln mit Erdbeeren
29 Biskuitwaffeln
30 Buchweizenwaffeln mit Preiselbeeren
34 Eierlikörwaffeln mit Heidelbeersahne
36 Haferflockenwaffeln mit Cranberries
38 Hefewaffeln mit Safran
41 Honig-Aprikosen-Waffeln
42 Joghurtwaffeln
45 Karamellwaffeln
48 Kokoswaffeln mit Mangocreme

50 Limetten-Knusperwaffeln
52 Mandelwaffeln
54 Marzipanwaffeln mit Banane
58 Müsliwaffeln mit Granola
61 Muttis Feinwaffeln mit Apfelkompott
62 Passionsfruchtwaffeln
66 Pistazienwaffeln
68 Reiswaffeln
70 Sauerkirschwaffeln mit Schokoladen-Nugat-Sahne
73 Schokoladenwaffeln
74 Vollkorn-Nuss-Waffeln mit Ahornsirup
76 Waffeln mit Mascarpone und Olivenöl
78 Waffelturm mit Litschis
81 Zitronen-Schmand-Waffeln
82 Feine Vanillesauce, Karamellsauce mit Walnüssen
83 Aprikosen-Rosmarin-Kompott, Obstsalat mit Passionsfrucht

84 PIKANTE WAFFELN

86 Apéro-Waffeln
90 Avocadowaffeln mit Tomatensalsa
92 Buchweizenwaffeln mit geräucherter Forelle
95 Chiliwaffeln
98 Croque-Monsieur-Waffeln
100 Indische Waffeln
102 Kartoffelwaffeln
106 Kräuter-Schmand-Waffeln mit buntem Blattsalat
108 Möhrenwaffeln mit Haselnüssen
111 Pinienkernwaffeln mit Pesto Calabrese
112 Pizzawaffeln
114 Raclettewaffeln
117 Rote-Bete-Waffeln mit Meerrettichschmand
118 Spinat-Ziegenkäse-Waffeln
120 Waffeln mit Fetakäse
122 Avocado-Dip, Gemüseraita
123 Feine Kräuterquarkcreme, Marokkanische Salsa

QUALITÄTS G|U GARANTIE

DIE GU-QUALITÄTS-GARANTIE

Wir möchten Ihnen mit den Informationen und Anregungen in diesem Buch das Leben erleichtern und Sie inspirieren, Neues auszuprobieren. Bei jedem unserer Bücher achten wir auf Aktualität und stellen höchste Ansprüche an Inhalt, Optik und Ausstattung. Alle Rezepte und Informationen werden von unseren Autoren gewissenhaft erstellt und von unseren Redakteuren sorgfältig ausgewählt und mehrfach geprüft. Deshalb bieten wir Ihnen eine 100 %ige Qualitätsgarantie.

Darauf können Sie sich verlassen:
Wir legen Wert darauf, dass unsere Kochbücher zuverlässig und inspirierend zugleich sind.
Wir garantieren:

- dreifach getestete Rezepte
- sicheres Gelingen durch Schritt-für-Schritt-Anleitungen und viele nützliche Tipps
- eine authentische Rezept-Fotografie

Wir möchten für Sie immer besser werden:
Sollten wir mit diesem Buch Ihre Erwartungen nicht erfüllen, lassen Sie es uns bitte wissen! Nehmen Sie einfach Kontakt zu unserem Leserservice auf. Sie erhalten von uns kostenlos einen Ratgeber zum gleichen oder ähnlichen Thema. Die Kontaktdaten unseres Leserservice finden Sie am Ende dieses Buches.

GRÄFE UND UNZER VERLAG
Der erste Ratgeberverlag – seit 1722.

Profis
für die Waffelschmiede

1 Das Waffeleisen

Das beliebteste Waffeleisen ist das Herzwaffeleisen. Fünf Waffelherzchen reichen sich hier im Ringelreihen die Hände. Wenn Du es lieber geradlinig magst, bäckt das Brüsseler Waffeleisen zwei, drei oder vier rechteckige Waffeln in einem Backvorgang für Dich. Sie sind meist etwas dicker als die Herzwaffeln, weil das Waffeleisen tiefer ist.

2 Das Handrührgerät

Willst Du einen schön glatten Waffelteig, dann lass Dir von einem Handrührgerät helfen. Die Knethaken schonen Deine Muskelkraft, wenn ein Hefeteig ins Waffeleisen soll. Die Quirle setzt Du ein, um Butter, Zucker und Eier für einen Rührteig schaumig aufzuschlagen. Wirbeln die Rührbesen durch Eiweiß, entsteht daraus im Handumdrehen steifer Schnee, der Deinen Waffelteig besonders fluffig macht.

4 Das Kuchengitter

Leg die fertig gebackenen, heißen Waffeln bitte nicht einfach übereinander auf einen Teller. Denn so können sie nicht richtig ausdampfen und die Feuchtigkeit staut sich in den Waffeln – knuspriger Waffelgenuss ade! Auf einem Kuchengitter dagegen warten Waffeln gut belüftet auf ihren Kaffeetafeleinsatz. Du magst nicht dauernd am Waffeleisen stehen, wenn die Gäste schon da sind? Dann backe alle Waffeln vor und halte sie auf dem Rost im Backofen bis zum Servieren bei 100° warm.

3 Der Pürierstab

Hast Du in Deiner Küche keinen Platz für eine Küchenmaschine, dann ist er der richtige Ersatzspieler. Denn der Pürierstab mixt Rührteigzutaten für Dich zu einer cremigen Masse, vorausgesetzt die Butter ist schön weich – Hefeteig bleibt ohne Rührgerät dann allerdings Handarbeit. Selbst vor Nüssen, Schokolade und Früchten schreckt der Pürierstab nicht zurück und hackt sie mit seinen scharfen Messern so klein, wie Du es willst.

Mit diesen Back-
Helfern macht's noch mehr Spaß!

1 Mikroreibe

Ihre kleinen scharfen Zähnchen nagen ohne große Mühe hauchdünne Schalenzesten aus Zitronen, Orangen oder Limetten in Deinen Waffelteig. Kleine Mengen Schokolade oder 1 Prise Muskatnuss sowie harten Parmesankäse, um den Teig damit zu aromatisieren, lassen sich ebenfalls mit diesem Küchenhelfer ganz fein reiben.

2 Puderzuckerdose

Sie sieht aus wie ein Salzstreuer im Großformat und aus ihren Löchern im Deckel rieselt staubfeiner Puderzucker auf lauwarme Waffeln. Zur Abwechslung kannst Du auch zwei Drittel Puderzucker und ein Drittel Zimtpulver in die Dose einfüllen. Schokofans lieben ihre Waffeln bestreut mit gesüßtem Kakaogetränkepulver. Ein Sieb ist der praktische Ersatz!

3 Eisportionierer

Klar kannst Du damit auch eine Kugel Eis als Topping auf Deine Waffel setzen, aber in der Waffelbäckerei leistet er zweckentfremdet noch eine nützliche Hilfestellung: Der Kugelkopf mit Teig befüllt ist genau die richtige Menge, um das Waffeleisen so zu bestücken, dass nix rausläuft und an der Waffel später keine Ecke fehlt.

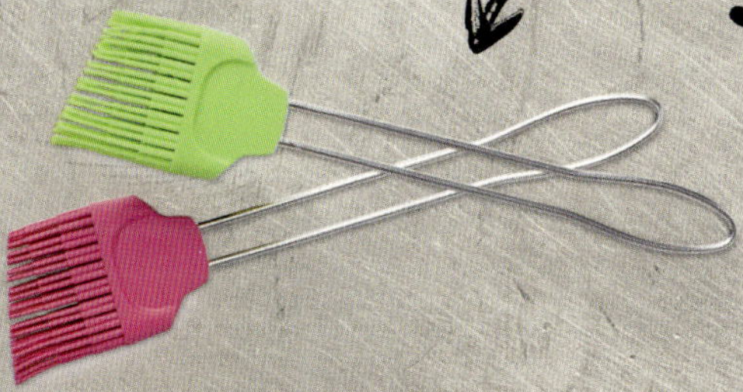

5 Backpinsel

Du brauchst ihn, um die Backflächen des Waffeleisens zu fetten, bevor Du die erste Waffel darin bäckst. Im Fachhandel findest Du Pinsel mit Natur-, Kunsthaar- oder Silikonborsten. Am langlebigsten ist letzterer, denn seine Borsten fallen nicht aus und schmelzen nicht gleich dahin, wenn sie mit den heißen Backflächen des Waffeleisens in Berührung kommen.

4 Schneebesen und Gummispatel

Mit diesem rührenden Duo hebst Du im Handumdrehen Eischnee, Mehl, gemahlene Nüsse, Kokosflocken oder Schokoraspel unter die schaumige Butter-Zucker-Ei-Masse, damit der Waffelteig auch schön luftig bleibt – zu wildes und langes Rühren macht ihn nämlich zäh. Für eine maximale Waffelausbeute kannst Du die Teigschüssel mit dem Spatel bis auf den letzten Rest auskratzen.

Das rechte Maß
für die Waffelbäckerei

1 Digitale Küchenwaage

Eine grammgenaue Waage ist mit ein Garant für die gelingsichere Waffelbäckerei. Ein Gerät mit Zumessfunktion erleichtert die (Kopf)Arbeit enorm, wenn mehrere Zutaten in eine Schüssel kommen.

2 Messbecher

Milch, Öl, Saft oder Wasser füllst Du in einen Messbecher mit 10-ml-Einteilung, um die richtige Menge für den Waffelteig abzumessen. Aber auch Eischnee oder Teig, den Du mit dem Pürierstab rühren möchtest, kannst Du darin aufschlagen.

3 Messerspitze

Von manchen Gewürzen, wie z. B. Zimt- oder Nelkenpulver, brauchst Du gar nicht viel, um Waffelteig oder -topping zu aromatisieren. Es genügt dann eine sogenannte Messerspitze voll. Bedecke dazu nur die Spitze eines Küchenmessers auf etwa 1 cm Länge mit der gewünschten Zutat im Pulverformat.

5 Eiergröße

Für alle Rezepte in diesem Buch brauchst Du Eier der Größe M, damit die Teige die perfekte Konsistenz erhalten. Ein M-Ei wiegt 53–63 g. Du kannst also auch mit dem Eiergewicht arbeiten, wenn Du nur S- oder L-Eier bekommst.

4 Löffel

Für einen gestrichenen Teelöffel fährst Du mit einem Finger an den Rändern eines Teelöffels entlang, der z. B. mit Backpulver befüllt ist. Das, was noch in der Löffelmulde liegen bleibt, kommt in den Teig. Das Gegenteil wäre ein gehäufter Teelöffel, hier häufelst Du die maximal mögliche Menge auf den Löffel. In die Mulde eines Esslöffels passen 15 ml Flüssigkeit. Für kleine Flüssigkeitsmengen kannst Du also auch den Messbecher im Schrank lassen.

Süße Waffeln

feine & buttrige Allround-Waffeln

Zubereitungszeit: **ca. 30 Min.**
Backzeit pro Waffel: **ca. 3 Min.**
Pro Stück: **ca. 305 kcal**

Für ca. 10 Waffeln
200 g weiche, zimmerwarme Butter
80 g Zucker
1 Päckchen Bourbon-Vanillezucker
4 zimmerwarme Eier (Größe M)
200 g Weizenmehl (Type 405 oder 550)
1 gestrichener TL Backpulver
Salz
200 ml Vollmilch*
Außerdem:
weiche Butter fürs Waffeleisen
Puderzucker zum Bestäuben

Alle Zutaten in kleinen Schüsseln separat genau abwiegen bzw. im Messbecher abmessen und bereitstellen.

Je weicher die Butter, desto leichter fällt das Rühren.

Die weiche Butter mit dem Zucker und Vanillezucker in eine große Rührschüssel geben. Mit den Quirlen des Handrührgeräts die Masse in ca. 5 Min. weiß-cremig rühren.

* Wenn Du die Waffeln etwas leichter magst, ersetzt Du die Milch durch die gleiche Menge Mineralwasser oder frisch gepressten Orangensaft.

Die Eier nacheinander unterrühren. Jedes Ei vollständig unterrühren, bevor das nächste zugegeben wird. Anschließend nochmals ca. 5 Min. weiterrühren, bis eine schaumige Masse entstanden ist.

3

Mehl mit Backpulver mischen und auf die Butter-Zucker-Eier-Creme sieben. Mit dem Teigspatel oder Schneebesen das Mehlgemisch, 1 Prise Salz und die Milch rasch unterrühren, bis ein glatter Teig entsteht. Diesen zugedeckt 10 Min. ruhen lassen.

4

5

Das Waffeleisen auf mittlerer Hitzestufe vorheizen. Dann die Backflächen mit wenig Butter bepinseln. Etwa 3 EL Teig in die Mitte der unteren Backfläche geben. Das Waffeleisen ohne Druck schließen. Die Waffel in ca. 3 Min. goldgelb backen.

Du kannst den Puderzucker einfach durch ein Sieb streichen.

6

Fertige Waffel zum Abkühlen auf ein Kuchengitter legen. Weitere Waffeln backen, bis der Teig aufgebraucht ist. Die Waffeln mit wenig Puderzucker bestäuben und sofort servieren.

Basics plus Varianten – alles für feine Waffeln

WICHTIGE GRUNDZUTAT: MEHL

* **Weizenmehl der Type 405** – das ist das ganz normale Weißmehl, das Du in jedem Supermarkt-Backregal findest – zaubert wegen seines hohen Kleber- und Stärkegehalts wunderbar luftige und feinporige Waffeln. Der Kleber im Weizenmehl (auch Gluten oder Klebereiweiß genannt) lässt den Teig gut aufgehen, hält ihn zusammen und verbessert damit seine Backeigenschaften. Du kannst das 405er-Mehl aber jederzeit durch **Weizenmehl Type 550** oder durch **Dinkelmehl Type 630** ersetzen, ohne dass dies dem Waffelgenuss einen Abbruch täte. Für ein Plus an Ballast- und Mineralstoffen kannst Du auch bis zu einem Drittel der Mehlmenge durch **Vollkornmehl** eintauschen. Nimmst Du noch mehr Vollkornmehl verändern sich jedoch Geschmack und Textur der Waffeln.

GESCHMACKSVARIANTEN

* **Frucht-Kick gefällig?** 1 TL abgeriebene Schale von Orange, Zitrone oder Limette erfrischt mit ihrem säuerlich-spritzigen Aroma im Waffelteig den Gaumen. Kaufe dazu aber bitte Bio-Früchte und wasche diese, bevor Du die Schale abreibst, noch mit heißem Wasser gut ab.
* **½–1 TL gemahlene Gewürze**, wie Zimt, Lebkuchengewürz, Anis, Koriander oder Kardamom, zaubern aus einfachen Teigen duftende Waffeln. Fang mit einer kleinen Prise an, um herauszufinden, ob Du den neuen Geschmack überhaupt magst.

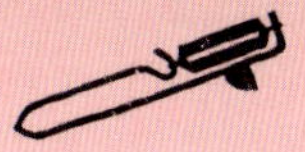

BACKTRIEBMITTEL

* In den meisten Waffelrezepten sorgt **Backpulver** für Volumen und einen lockeren Teig. Normales Backpulver setzt sich aus Phosphat und Natron zusammen, die während des Backens miteinander reagieren und Kohlendioxid freisetzen. Es entstehen kleine Gasbläschen, die den Teig durchziehen und Dir einen luftigen Waffelgenuss bescheren.
* Die Alternative: **Weinstein-Backpulver** aus dem Reformhaus. Es enthält anstelle des Phosphats natürliche Weinsteinsäure. Der Vorteil: Sie hinterlässt kein stumpfes Gefühl an den Zähnen.
* Du kannst Backpulver 1 : 1 durch **Natron** ersetzen, allerdings solltest du noch ca. 1 TL Zitronensaft oder Apfelessig dazugeben oder die Milchmenge im Rezept durch Buttermilch ersetzen, da diese auch säurehaltig ist. Denn Natron braucht Säure für eine optimale Gasentwicklung.

Hefe bitte nicht mit zu heißen Flüssigkeiten mischen.

HEFE

* Ob Du einen Hefeteig lieber mit **Frisch- oder Trockenhefe** zubereitest, ist abhängig von Deinem Geschmack und Deiner Vorratshaltung. Grundsätzlich gilt: 1 Beutel Trockenhefe (ca. 7 g) entspricht ½ Würfel Frischhefe (ca. 20 g). Bereitest Du den Hefepilzen eine lauschige Umgebung, indem Du den Teig mit handwarmen Flüssigkeiten knetest und ihn anschließend zugedeckt an einen warmen Platz stellst, kommen sie so richtig in Fahrt. Sie naschen den Zucker im Teig und bilden dabei Gase, die den Teig schön aufgehen lassen. Wenn der Waffelteig sein Volumen verdoppelt hat, kann er ins heiße Waffeleisen.

Rote Grütze

beerenstark zu Waffeln

Zubereitungszeit: **ca. 25 Min.**
Pro Portion: **ca. 215 kcal**

Für 4 Personen
600 g gemischte Beeren und rote Früchte (z. B. Sauerkirschen, Erdbeeren, Himbeeren, Johannisbeeren)
½ l Kirsch- oder schwarzer Johannisbeersaft
½ Vanilleschote
3 EL Speisestärke
abgeriebene Schale von ½ Bio-Orange oder -Zitrone nach Belieben
ca. 3–4 EL Zucker

1 Alle Zutaten vorbereiten, abwiegen oder -messen und in Schüsselchen oder im Messbecher bereitstellen.

Johannisbeeren mit einer Gabel von den Rispen streifen.

2 Die Früchte waschen, putzen und auf einem Küchentuch abtropfen lassen. Kirschen entsteinen, große Erdbeeren halbieren und die Johannisbeeren von den Rispen zupfen.

Den Saft bis auf 4 EL in einen Topf geben. Die Vanilleschote mit einem scharfen, spitzen Messer längs halbieren und das Mark mit dem Messerrücken herauskratzen. Mark und Schote in den Topf geben, Saft aufkochen.

Die Stärke mit dem restlichen Saft glatt verrühren und unter Rühren in den kochenden Fruchtsaft gießen. Diesen 2–3 Min. kochen lassen, bis die Stärke bindet, dabei mit einem Kochlöffel mehrmals durchrühren, damit nichts am Topfboden hängen bleibt.

Die vorbereiteten Früchte und nach Belieben den Zitrusschalenabrieb hinzufügen. Die Früchte höchstens 1–2 Min. mitkochen, sie sollen nicht zu weich werden oder zerfallen. Die Grütze in eine Schüssel geben und mit Zucker – je nach Säure der Beeren – süßen.

Oder on top die Vanillesauce von S. 82!

Grütze abkühlen lassen. Die Vanilleschote entfernen. Die Rote Grütze mit Schlagsahne zu den Waffeln reichen.

Waffelgenuss
bei Lebensmittelunverträglichkeiten

GLUTENFREIE ZUTATEN

* In Supermarkt und Reformhaus findest Du **Mehlmischungen**, die frei sind von den glutenhaltigen Getreiden Weizen, Roggen, Dinkel, Grünkern, Gerste, Kammut und Triticale. Sie bestehen aus Kartoffelstärke, Mais- oder Reismehl. Das hellgelbe, leicht süßliche **Maismehl** hat einen bitteren Nachgeschmack. Mische es deshalb mit zwei Dritteln Reis- oder Hirsemehl. Mehle aus Amaranth, Buchweizen, Kichererbsen, Lupinen, Soja, Kastanien, Kokos, Quinoa und Teff sind ebenfalls glutenfrei. Normales Weizenmehl kannst Du in meinen Waffelrezepten durch diese Mehle meist problemlos ersetzen.
* Achte aber auch bei **allen anderen Zutaten**, die unbedenklich erscheinen, darauf, dass sie als glutenfreie Lebensmittel ausgewiesen sind.

LAKTOSEFREIE LEBENSMITTEL

* **Butter** kannst Du durch laktosefreie Fette, wie Pflanzenmargarine, geschmolzenes Kokosfett oder Pflanzenöle, ersetzen. Anstelle von 100 g Butter nimmst Du 80 g Öl, um gute Backergebnisse zu bekommen. Im gut sortierten Supermarktkühlregal findest Du inzwischen sehr viele **Milchprodukte** auch in der laktosefreien Variante. Sie schmecken süßer als die gewohnten Produkte – eventuell musst Du deshalb die Zuckermenge im Rezept etwas reduzieren, aber das ist Geschmacksache – einfach ausprobieren. Statt **Sahne** schmecken auch Kokos-, Mandel-, Hafer- oder Sojacreme in meinen Waffelrezepten.

GLUTEN- UND LAKTOSEFREIE WAFFEL-TOPPINGS

- *Kokospuddingcreme*
  Von **½ l Kokosmilch** 3–4 EL abnehmen und mit **2–3 EL Zucker** (alternativ knapp 2 EL Ahornsirup oder Honig) und **1 Päckchen glutenfreiem Vanillepuddingpulver** verrühren. Die Kokosmilch zum Kochen bringen. Das angerührte Puddingpulver und **2 gehäufte EL Kokosflocken** mit dem Schneebesen unter die Kokosmilch rühren, 2 Min. unter Rühren kochen lassen. Pudding in eine Schüssel geben und abkühlen lassen.
- *Passionsfrucht-Ahornsirup-Creme*
  3 Passionsfrüchte halbieren und mit einem Teelöffel das Fruchtmark aus den Schalenhälften in einen Rührbecher schaben. **2–3 EL Ahornsiurp** und **200 g laktosefreien Sahnequark oder Frischkäse** dazugeben. Alle Zutaten mit einem Pürierstab zu einer Creme mixen.

VEGANE WAFFELN

- Vegane Waffeln zu backen, ist nicht kompliziert. Die Basiszutaten im Waffelteig lassen sich problemlos ersetzen: **Butter** durch vegane Margarine, **1 Ei** durch 1 gehäuften TL Ei-Ersatzpulver plus 2 EL Wasser oder Fruchtsaft, **Kuhmilch** durch Sojamilch und **Sahne** durch Mandel-, Soja- oder Hafercreme bzw. -sahne. Als Topping eignet sich **Obstkompott**, dem Du mit Gewürzen einen tollen Pep geben kannst. Probier doch mal Kardamom, Zimt, Sternanis, Rosmarin oder Zitronenmelisse. **Schlagsahne** dazu? Dann achte darauf, dass die Pflanzensahne auch tatsächlich aufschlagbar ist.

Nicht alles im Vorrat?
Kein Problem!

2 Süßungsmittel

Weißer Haushaltszucker und Puderzucker lösen sich schnell auf und sind geschmacksneutral. Abwechslung bringen brauner Rohrohrzucker oder dunkler Vollrohrzucker mit ihrem karamelligen Geschmack. Honig, Dicksaft und Ahornsirup sind ebenfalls gute Alternativen zum Süßen. Achtung: Sie süßen stärker als der herkömmliche Zucker. 100 g Zucker entsprechen der Süße von 80 g Honig & Co.

1 Milchprodukte

Oh, nein! Die Milch ist alle! Dann schau doch mal, ob Du irgendwo noch Mandel-, Soja-, Hafer-, Kokos-, Buttermilch oder Kefir findest. So geht's aber auch: Die gleiche Menge wie die Milch durch frisch gepressten Orangensaft austauschen. Mineralwasser macht die Waffeln etwas fettärmer und knuspriger. Quark, Joghurt, saure Sahne, Crème fraîche, Doppelrahmfrischkäse oder Mascarpone kannst Du ganz beliebig untereinander tauschen.

3 Mehle & Co.

Das Mehl in der Tüte reicht nicht? Ein Drittel der Mehlmenge kannst Du in den Teigen durch gemahlene Mandeln, Haselnüsse, Walnüsse, zarte Haferflocken oder Kokosflocken ersetzen. Ein Drittel Hartweizen- oder Polentagrieß anstelle des normalen Mehls verleiht den Waffeln mehr Biss.

4 Obst

In Deinem Rezept steht Obst, das gerade keine Saison hat oder das Dein Vorrat nicht hergibt. Macht nix: Gib es einfach an der Tauschbörse ab und mach aus Äpfeln Birnen, aus Johannisbeeren Him-, Brom-, Stachel- oder Erdbeeren und aus Mango Aprikosen, Pfirsiche oder Nektarinen. Generell kannst Du frisches Obst auch immer gegen TK-Ware ersetzen. Diese aber gefroren in den Teig geben und am besten vorher noch mit etwas Mehl, Stärke oder Puddingpulver mischen, sonst weicht der austretende Fruchtsaft die Waffeln auf, sie werden matschig.

SÜSSE WAFFELN

Amarenawaffeln

mit fruchtiger Süße

Zubereitungszeit: **ca. 30 Min.**
Backzeit pro Waffel: **ca. 3 Min.**
Pro Stück: **ca. 420 kcal**

Für ca. 6 Waffeln
3 EL Amarenakirschen (Glas)
120 g weiche, zimmerwarme Butter*
75 g Zucker
3 zimmerwarme Eier
240 g Weizenmehl (Type 405 oder 505)
¾ gestrichener TL Backpulver
Salz
150 ml Vollmilch
Außerdem:
weiche Butter fürs Waffeleisen
Puderzucker zum Bestäuben

*Butter solltest Du ca. 45 Min. vor dem Backen aus dem Kühlschrank nehmen, damit sie nicht gerinnt, wenn die Eier dazukommen.

1. Die abgetropften Amarenakirschen klein schneiden, auf einen Teller legen. Alle übrigen Zutaten in kleinen Schüsseln separat genau abwiegen und bereitstellen.

2. Die weiche Butter mit dem Zucker in eine große Rührschüssel geben. Mit den Quirlen des Handrührgerätes die Masse in ca. 5 Min. weiß-cremig rühren.

3. Die Eier nacheinander unterrühren. Jedes Ei vollständig unterrühren, bevor das nächste zugegeben wird. Anschließend nochmals ca. 5 Min. weiterrühren, bis eine schaumige Masse entstanden ist.

4. Das Mehl mit dem Backpulver mischen, auf die Butter-Eier-Creme sieben und rasch zusammen mit 1 Prise Salz und der Milch mit dem Teigspatel oder Schneebesen nur so lange unterrühren, bis ein glatter Teig entstanden ist. Die klein geschnittenen Amarenakirschen unterheben. Die Rührschüssel mit einem Teller abdecken und den Teig bei Zimmertemperatur 10 Min. ruhen lassen.

5. Das Waffeleisen auf mittlerer Hitzestufe vorheizen. Wenn die Backtemperatur erreicht ist, die Backflächen mit wenig weicher Butter bepinseln. Etwa 3 EL Teig in die Mitte der unteren Backfläche geben und das Waffeleisen ohne Druck schließen. Waffel in ca. 3 Min. goldgelb backen. Auf ein Kuchengitter legen, sodass die Waffel etwas auskühlen kann. Weitere Waffeln backen, bis der Teig aufgebraucht ist. Die warmen Waffeln mit Puderzucker bestäuben und servieren.

Belgische Waffeln mit Erdbeeren

Belgische Waffeln mit Erdbeeren

fein auch als Dessert

Zubereitungszeit: **ca. 30 Min.**
Ruhezeit: **ca. 1 Std.**
Backzeit pro Waffel: **ca. 4 Min.**
Pro Stück: **ca. 385 kcal**

Für ca. 8 Waffeln
250 g kalte Sahne
400 g Erdbeeren
1 Päckchen Bourbon-Vanillezucker
60 g Butter
20 g frische Hefe
40 g Zucker
400 ml lauwarme Vollmilch
1 Vanilleschote
250 g Weizenmehl (Type 405)
2 zimmerwarme Eier
Salz
50 g Hagelzucker
Außerdem:
weiche Butter fürs Waffeleisen
Puderzucker zum Bestäuben

1. Die Sahne in einem hohen Rührbecher mit den Quirlen des Handrührgerätes steif schlagen. Kalt stellen. Erdbeeren waschen, abtropfen lassen und putzen. Dann in kleine Würfel schneiden und in einer Schüssel mit dem Vanillezucker mischen. Zugedeckt beiseitestellen.

2. Butter in einem kleinen Topf bei kleiner Hitze schmelzen und abkühlen lassen. Die Hefe in eine Tasse bröckeln, mit 1 TL Zucker und 100 ml lauwarmer Milch verrühren. Dann bei Zimmertemperatur ca. 15 Min. ruhen lassen. Die Vanilleschote längs halbieren und mit dem Messerrücken das Vanillemark herauskratzen.

Warum und wieso ...

... muss eine Prise Salz ins Eiweiß? Willst Du schön steifen Eischnee, dann musst Du ein paar Dinge beachten: Immer eine saubere, fettfreie Rührschüssel verwenden. Dann das Eiweiß vom Eigelb genau trennen. Eine Prise Salz im Eiweiß gibt dem Eischnee später noch mehr Stehvermögen. Falls das Eiweiß partout nicht steif werden will, kann es daran liegen, dass versehentlich etwas Eigelb mit hineingekommen ist. In dem Fall hilft nur eines: Nochmal von vorne anfangen und die Eier dieses Mal sorgfältiger trennen.

3. Mehl in eine große Rührschüssel sieben, eine Mulde in die Mitte drücken. Die Eier trennen, die Eiweiße in einen Rührbecher geben und kalt stellen. Dann die angerührte Hefemilch, die restliche lauwarme Milch, restlichen Zucker, flüssige Butter und das Vanillemark mit den Eigelben in die Mulde geben und alles mit den Knethaken des Handrührgerätes zu einem glatten Teig kneten. Diesen mit einem Geschirrhandtuch abdecken und bei Zimmertemperatur 45 Min. gehen lassen.

4. Die Eiweiße mit 1 Prise Salz steif schlagen. Mit dem Gummispatel vorsichtig unter den aufgegangenen Hefeteig heben. Den Hagelzucker untermengen.

5. Das Waffeleisen auf mittlerer Hitzestufe vorheizen. Wenn die Backtemperatur erreicht ist, die Backflächen mit wenig weicher Butter bepinseln. Etwa 3 EL Teig in die Mitte der unteren Backfläche geben und das Waffeleisen ohne Druck schließen. Die Waffel in 3–4 Min. goldgelb backen. Dann auf ein Kuchengitter legen, sodass die Waffel etwas abkühlen kann. Weitere Waffeln backen, bis der Teig aufgebraucht ist.

6. Die noch warmen Waffeln mit Puderzucker bestäuben, mit Erdbeeren und Schlagsahne servieren.

TOPPING-VARIANTE: HEIDELBEER-MASCARPONE-CREME

200 g frische Heidelbeeren waschen. Einige Beeren für die Deko beiseitelegen, den Rest mit einer Gabel leicht zerdrücken. Die zerdrückten Beeren mit **3 gestrichenen EL Puderzucker** und **1 Päckchen Bourbon-Vanillezucker** in einem Topf aufkochen, dann bei kleiner Hitze ca. 3 Min. köcheln lassen. Die Beeren vom Herd nehmen und abkühlen lassen. **250 g Mascarpone** zu den Beeren geben und alles mit dem Pürierstab kurz durchmixen. Die Creme bis zum Servieren kalt stellen. Dann die gebackenen Waffeln mit der Creme und den beiseitegestellten Beeren anrichten. Im Herbst die Heidelbeeren durch **150 g frische Cranberrys** ersetzen. Die Zuckermenge muss dann eventuell etwas erhöht werden. Zum Süßen passen zu den Cranberrys anstelle des Puderzuckers **3 EL Preiselbeerkonfitüre**.

Biskuitwaffeln

soft und zart

Zubereitungszeit: **ca. 30 Min.**
Backzeit pro Waffel: **ca. 3 Min.**
Pro Stück: **ca. 230 kcal**

Für ca. 6 Waffeln
5 zimmerwarme Eier
Salz
90 g Zucker
1 Päckchen Bourbon-Vanillezucker*
1 Bio-Zitrone
150 g Weizenmehl (Type 405)
½ gestrichener TL Backpulver
Außerdem:
weiche Butter fürs Waffeleisen
Puderzucker zum Bestäuben nach Belieben

* Bourbon-Vanillezucker bringt den zarten Duft und den feinen Geschmack der echten Bourbon-Vanille in die Waffeln. Vanillinzucker dagegen besteht aus dem künstlich hergestellten Vanilleersatz und reicht nicht an das echte Vanillearoma heran.

1. Eier trennen, dabei die Eiweiße in einen hohen Rührbecher und die Eigelbe in eine große Rührschüssel geben. Die Eiweiße zusammen mit 1 Prise Salz mit den Quirlen des Handrührgerätes zu steifem Schnee schlagen. Den Eischnee zugedeckt in den Kühlschrank stellen. Die Eigelbe mit 5 EL heißem Wasser, dem Zucker und dem Vanillezucker in 5 Min. schaumig schlagen.

2. Die Zitrone heiß waschen, abtrocknen und die Hälfte der Schale mit einer Mikroreibe fein abreiben. Das Mehl mit dem Backpulver mischen, auf die Eigelbmasse sieben und mithilfe des Teigspatels oder Schneebesens zusammen mit der Zitronenschale vorsichtig unter die Eigelbmasse rühren. Den Eischnee ebenfalls mit dem Spatel unter die Teigmasse heben. Dabei nicht zu lange und zu wild rühren, damit die Luftbläschen im Eischnee nicht platzen und der Teig wieder glatt gerührt wird.

3. Das Waffeleisen auf mittlerer Hitzestufe vorheizen. Wenn die Backtemperatur erreicht ist, die Backflächen mit wenig weicher Butter bepinseln. Etwa 3 EL Teig in die Mitte der unteren Backfläche geben und das Waffeleisen ohne Druck schließen. Die Waffel in 2–3 Min. goldgelb backen. Nun zum Abkühlen auf ein Kuchengitter legen. Weitere Waffeln backen, bis der Teig aufgebraucht ist. Die noch warmen Waffeln nach Belieben mit Puderzucker bestäuben.

Buchweizenwaffeln mit Preiselbeeren

herb-nussiger Waffelgenuss

Zubereitungszeit: **ca. 35 Min.**
Backzeit pro Waffel: **ca. 3 Min.**
Pro Stück: **ca. 490 kcal**

Für ca. 6 Waffeln
Für die Waffeln:
3 zimmerwarme Eier
Salz
100 g weiche, zimmerwarme Butter
100 g Preiselbeerkonfitüre
200 g Buchweizenmehl
50 g Speisestärke
½ gestrichener TL Backpulver
100 ml Vollmilch
Für die Preiselbeersahne:
250 ml kalte Sahne
1 EL Preiselbeerkonfitüre
Außerdem:
weiche Butter fürs Waffeleisen
Puderzucker zum Bestäuben

1. Für die Waffeln die Eier trennen. Die Eiweiße in einen hohen Rührbecher, Eigelbe in eine große Rührschüssel geben. Eiweiße mit 1 Prise Salz mit den Quirlen des Handrührgerätes steif schlagen und kalt stellen. Eigelbe mit Butter und Konfitüre in ca. 5 Min. schaumig schlagen.

2. Das Buchweizenmehl mit der Stärke und dem Backpulver mischen, auf die Eigelbmasse sieben und mit dem Teigspatel oder Schneebesen unterrühren, dabei die Milch nach und nach dazugeben. Den Teig zugedeckt bei Zimmertemperatur ca. 10 Min. stehen lassen. Anschließend den Eischnee vorsichtig mit dem Teigspatel unter den Teig heben.

3. Für die Preiselbeersahne die Sahne mit der Preiselbeerkonfitüre in einer Rührschüssel mit den Quirlen des Handrührgerätes steif schlagen und anschließend bis zum Servieren kalt stellen.

4. Das Waffeleisen auf mittlerer Hitzestufe vorheizen. Wenn die Backtemperatur erreicht ist, die Backflächen mit wenig weicher Butter bepinseln. Etwa 3 EL Teig in die Mitte der unteren Backfläche geben und das Waffeleisen ohne Druck schließen. Die Waffel in ca. 3 Min. goldgelb backen. Auf ein Kuchengitter legen, sodass die Waffel etwas abkühlen kann. Weitere Waffeln backen, bis der Teig aufgebraucht ist. Die Waffeln mit Puderzucker bestäuben und mit der Preiselbeersahne servieren.

Eierlikör-waffeln mit Heidelbeer-sahne

Eierlikörwaffeln mit Heidelbeersahne

Waffeln de luxe!

Zubereitungszeit: **ca. 30 Min.**
Backzeit pro Waffel: **ca. 3 Min.**
Pro Stück: **ca. 435 kcal**

Für ca. 6 Waffeln
Für die Waffeln:
50 g weiche, zimmerwarme Butter
50 g Zucker
2 zimmerwarme Eier
100 ml Eierlikör
100 ml Buttermilch
190 g Weizenmehl (Type 405)
½ gestrichener TL Backpulver
Salz
Für die Heidelbeersahne:
200 g kalte Sahne
50 g saure Sahne
2 EL Eierlikör
300 g Heidelbeeren
Außerdem:
weiche Butter fürs Waffeleisen
Puderzucker zum Bestäuben

1. Für die Waffeln die Butter mit dem Zucker in eine große Rührschüssel geben und mit den Quirlen des Handrührgerätes beides kurz miteinander verrühren. Dann die Eier nacheinander unterrühren. Dabei jedes Ei vollständig unterrühren, bevor das nächste zugegeben wird. Eierlikör und Buttermilch zu der Butter-Eier-Creme geben und die Masse anschließend in ca. 5 Min. schaumig rühren.

2. Das Mehl mit dem Backpulver mischen und auf die Creme sieben. Die Mehl-Backpulver-Mischung sowie 1 Prise Salz mit dem Teigspatel oder Schneebesen rasch unterrühren. Anschließend die Rührschüssel mit einem Teller abdecken und den Teig bei Zimmertemperatur ca. 10 Min. ruhen lassen.

So schmeckt's auch

Whiskyliebhaber können den Eierlikör im Waffelteig und in der Heidelbeersahne durch die gleiche Menge Whisky-Sahnelikör ersetzen.

3. In der Zwischenzeit für die Heidelbeersahne die Sahne zusammen mit der sauren Sahne und dem Eierlikör in einen hohen Rührbecher geben. Die Sahne mit den Quirlen des Handrührgerätes steif schlagen. Die Heidelbeeren abbrausen, in einem Sieb abtropfen lassen und unter die Sahne heben. Die Heidelbeersahne bis zum Servieren kalt stellen.

4. Das Waffeleisen auf mittlerer Hitzestufe vorheizen. Wenn die Backtemperatur erreicht ist, die Backflächen mit wenig weicher Butter bepinseln. Etwa 3 EL Teig in die Mitte der unteren Backfläche geben und das Waffeleisen ohne Druck schließen. Die Waffel in ca. 3 Min. goldgelb backen, dann auf ein Kuchengitter legen, sodass die Waffel etwas abkühlen kann. Weitere Waffeln backen, bis der Teig aufgebraucht ist.

5. Die noch warmen Waffeln mit Puderzucker bestäuben und mit der Heidelbeersahne servieren.

TOPPING-VARIANTE: BROMBEERMARK MIT QUARKSAHNE

200 g Brombeeren verlesen – d. h. dass Du die Stiele und eventuelle kleine Blättchen entfernst und nicht intakte Früchte aussortierst – und in einem Sieb kurz mit kaltem Wasser abbrausen. Die Beeren in einen Mixbecher geben und mit **1 EL Zitronensaft** und **2 EL Beerenkonfitüre** (z. B. Waldbeerenkonfitüre) pürieren. Püree durch ein Sieb streichen, um die Kernchen zu entfernen. **150 g kalte Sahne** in einem hohen Rührbecher steif schlagen. **100 g Magerquark** mit **2 Päckchen Bourbon-Vanillezucker** verrühren, bis sich der Zucker aufgelöst hat. Die Schlagsahne mit dem Teigspatel vorsichtig unter den Quark heben. Die Eierlikör- oder nach Belieben Whiskylikörwaffeln jeweils mit einem Klecks Quarksahne servieren und mit dem Brombeermark beträufeln.

Haferflockenwaffeln mit Cranberrys

würzig – mit Zimt und Anis

Zubereitungszeit: **ca. 30 Min.**
Ruhezeit: **ca. 2 Std.**
Backzeit pro Waffel: **ca. 4 Min.**
Pro Stück: **ca. 385 kcal**

Für ca. 6 Waffeln
250 g zarte Haferflocken
300 ml Vollmilch | 100 g Butter
2 Eier | 50 g Zucker
½ gestrichener TL Zimtpulver
¼ gestrichener TL Anispulver
Salz
1 gestrichener TL Backpulver
100 g frische Cranberrys
Außerdem:
weiche Butter fürs Waffeleisen
Puderzucker zum Bestäuben

1. Die Haferflocken mit der Milch in eine große Rührschüssel geben. Mit einem Teller abdecken und ca 2 Std. quellen lassen. 30 Min. vor Ende der Quellzeit die Butter in einem kleinen Topf bei kleiner Hitze schmelzen. Vom Herd nehmen und die Butter abkühlen lassen. Nach dem Quellen der Haferflocken die Butter zusammen mit den Eiern und dem Zucker mit in die Schüssel geben.

2. Mit den Quirlen des Handrührgerätes die Masse in ca. 5 Min. schaumig rühren. Anschließend Zimt, Anis, 1 Prise Salz und das Backpulver ebenfalls unterrühren, sodass ein glatter Teig entsteht.

3. Die Schüssel mit einem Teller abdecken und den Teig bei Zimmertemperatur ca. 10 Min. ruhen lassen. In der Zwischenzeit die Cranberrys mit kaltem Wasser abbrausen, in einem Sieb abtropfen lassen und unter den Teig rühren.

4. Das Waffeleisen auf mittlerer Hitzestufe vorheizen. Wenn die Backtemperatur erreicht ist, die Backflächen mit wenig weicher Butter bepinseln. Etwa 3 EL Teig in die Mitte der unteren Backfläche geben und das Waffeleisen ohne Druck schließen. Die Waffel in 3–4 Min. goldgelb backen. Auf ein Kuchengitter legen, sodass die Waffel etwas abkühlen kann. Weitere Waffeln backen, bis der Teig vollständig aufgebraucht ist.

5. Die noch warmen Waffeln mit reichlich Puderzucker bestäuben, sofort servieren.

Keine Cran-
berry-Saison?
Dann nimm
Sauerkirschen oder
Johannisbeeren.

Hefewaffeln mit Safran

toll zum Brunch

Zubereitungszeit: **ca. 30 Min.**
Ruhezeit: **ca. 1 Std.**
Backzeit pro Waffel: **ca. 3 Min.**
Pro Stück: **ca. 350 kcal**

Für ca. 7 Waffeln
14 g frische Hefe
1 Päckchen Bourbon-Vanillezucker
250 g Weizenmehl (Type 405)
ca. 10 Safranfäden (ersatzweise 1 TL fein abgeriebene Bio-Zitronenschale)
125 ml lauwarme Milch
50 g Zucker
Salz
3 zimmerwarme Eier
1–2 EL Rum nach Belieben
125 g weiche, zimmerwarme Butter
Außerdem:
weiche Butter fürs Waffeleisen
Puderzucker zum Bestäuben

1. Die Hefe in eine Tasse bröckeln, mit dem Vanillezucker und 5 EL lauwarmem Wasser verrühren, bis sich die Hefe aufgelöst hat. Das Hefegemisch nun bei Zimmertemperatur 15 Min. stehen lassen.

2. Das Mehl in eine große Rührschüssel sieben und mit einem Schöpflöffel in die Mitte eine Mulde hineindrücken.

3. Die Safranfäden in der lauwarmen Milch auflösen, mehrmals mit einem Löffel umrühren. Die angerührte Hefe, Safranmilch, Zucker, 1 Prise Salz, die Eier und nach Belieben den Rum in die Mulde geben. Die Butter in kleinen Flöckchen auf dem Mehlrand verteilen.

4. Mit den Knethaken des Handrührgerätes einen glatten Teig herstellen. So lange durchkneten, bis der Teig Blasen wirft. Die Rührschüssel mit einem Geschirrhandtuch abdecken und den Teig bei Zimmertemperatur 45 Min. gehen lassen.

5. Das Waffeleisen auf mittlerer Hitzestufe vorheizen. Wenn die Backtemperatur erreicht ist, die Backflächen mit wenig weicher Butter bepinseln. Etwa 2 EL Teig in die Mitte der unteren Backfläche geben und das Waffeleisen ohne Druck schließen. Die Waffel in ca. 3 Min. goldgelb backen. Dann auf ein Kuchengitter legen, sodass die Waffel etwas abkühlen kann. Weitere Waffeln backen, bis der Teig aufgebraucht ist.

6. Die noch warmen Waffeln mit Puderzucker bestäuben und sofort servieren.

Honig-Aprikosen-Waffeln

mild-fruchtig

Zubereitungszeit: **ca. 30 Min.**
Backzeit pro Waffel: **ca. 2 ½ Min.**
Pro Stück: **ca. 465 kcal**

Für ca. 5 Waffeln
60 g Pinienkerne
60 g getrocknete Soft-Aprikosen
80 g Rapsöl
60 g Honig
2 zimmerwarme Eier
80 g Weizenmehl (Type 405)
80 g feiner Polentagrieß
½ gestrichener TL Backpulver
Salz
100 ml Vollmilch
Außerdem:
Öl fürs Waffeleisen
flüssiger Honig zum Beträufeln

1. Die Pinienkerne in einer beschichteten Pfanne ohne Fett bei mittlerer Hitze rösten, bis sie leicht gebräunt sind und anfangen zu duften. Die Pinienkerne zum Abkühlen sofort auf einen Teller geben. Die Aprikosen in kleine Würfel schneiden und zu den Pinienkernen legen.

2. Das Öl mit dem Honig und den Eiern in eine große Rührschüssel geben. Mit den Quirlen des Handrührgerätes die Masse in ca. 5 Min. weiß-cremig rühren.

3. Mehl mit Grieß und Backpulver mischen und auf die Öl-Eier-Creme geben. Die Mehlmischung, 1 Prise Salz und die Milch mit dem Teigspatel oder Schneebesen unterrühren, sodass ein glatter Teig entsteht. Zum Schluss die Pinienkerne und Aprikosenwürfel mit dem Teigspatel unter den Teig heben. Die Schüssel mit einem Teller abdecken und den Teig bei Zimmertemperatur 15 Min. ruhen lassen.

4. Das Waffeleisen auf mittlerer Hitzestufe vorheizen. Wenn die Backtemperatur erreicht ist, die Backflächen mit wenig Öl bepinseln. Etwa 3 EL Teig in die Mitte der unteren Backfläche geben. Das Waffeleisen ohne Druck schließen. Die Waffel in ca. 2 ½ Min. goldgelb backen. Auf ein Kuchengitter legen, sodass die Waffel etwas auskühlen kann. Weitere Waffeln backen, bis der Teig aufgebraucht ist.

5. Die noch warmen Waffeln mit Honig beträufeln und sofort servieren.

Joghurtwaffeln

nicht zu süß, ideal zum Brunch

Zubereitungszeit: **ca. 30 Min.**
Backzeit pro Waffel: **ca. 3 Min.**
Pro Stück: **ca. 285 kcal**

Für ca. 10 Waffeln
125 g weiche, zimmerwarme Butter
80 g Zucker
4 zimmerwarme Eier*
200 g Sahnejoghurt (10 % Fett)
250 g Weizenmehl (Type 405)
1 gestrichener TL Backpulver
Salz
150 ml Vollmilch
Außerdem:
weiche Butter fürs Waffeleisen
Puderzucker zum Bestäuben

* Zimmerwarme Eier lassen sich später viel cremiger aufschlagen als kalte und ergeben ein größeres Volumen. Außerdem verbinden sie sich leichter mit der Butter.

1. Butter mit Zucker in eine große Rührschüssel geben und mit den Quirlen des Handrührgerätes kurz durchrühren. Die Eier nacheinander unterrühren. Jedes Ei vollständig unterrühren, bevor das nächste zugegeben wird. Sahnejoghurt dazugeben und alle Zutaten in der Rührschüssel in ca. 5 Min. schaumig rühren.

2. Das Mehl mit dem Backpulver mischen und auf die Butter-Eier-Creme sieben. Mit dem Teigspatel oder Schneebesen das Mehlgemisch und 1 Prise Salz rasch unterrühren, dabei die Milch dazugeben und den Teig glatt rühren. Die Schüssel mit einem Teller abdecken, den Teig bei Zimmertemperatur 10 Min. ruhen lassen.

3. Das Waffeleisen auf mittlerer Hitzestufe vorheizen. Wenn die Backtemperatur erreicht ist, die Backflächen mit wenig weicher Butter bepinseln. Etwa 3 EL Teig in die Mitte der unteren Backfläche geben und das Waffeleisen ohne Druck schließen. Die Waffel in 2 ½–3 Min. goldgelb backen und zum Abkühlen auf ein Kuchengitter legen. Weitere Waffeln backen, bis der Teig aufgebraucht ist.

4. Die noch warmen Waffeln mit Puderzucker bestäuben und sofort servieren.

Schmeckt super mit gemischten Beeren!

Karamellwaffeln

süße Verführung

Zubereitungszeit: **ca. 30 Min.**
Backzeit pro Waffel: **ca. 3 Min.**
Pro Stück: **ca. 255 kcal**

Für ca. 10 Waffeln
125 g Butter
200 g Magerquark
2 gehäufte EL Karamellbrotaufstrich (Karamellkonfitüre)
4 Eier
250 g Weizenmehl (Type 405)
½ gestrichener TL Backpulver
Salz
150 ml Vollmilch
Außerdem:
weiche Butter fürs Waffeleisen
Karamell-Brotaufstrich zum Bestreichen

Warum und wieso ...

... wird das Mehl auf die Eiercreme gesiebt? Das Backpulver mischt sich beim Sieben gleichmäßig unter das Mehl. Außerdem verteilt sich das Mehl großflächig über der Eiercreme und so kannst Du es dann schnell und klümpchenfrei unterrühren.

1. Butter in einem kleinen Topf bei kleiner Hitze schmelzen, vom Herd nehmen, ca. 5 Min. abkühlen lassen, dann mit Quark und Karamellaufstrich in eine große Rührschüssel geben und mit den Quirlen des Handrührgerätes kurz durchrühren. Die Eier nacheinander unterrühren. Jedes Ei vollständig unterrühren, bevor das nächste zugegeben wird. Nun die Masse in 5 Min. schaumig rühren.

2. Das Mehl mit dem Backpulver mischen und auf die Butter-Eier-Creme sieben. Mehlgemisch und 1 Prise Salz mit dem Teigspatel oder Schneebesen rasch unterrühren, dabei die Milch nach und nach untermengen. Teig abgedeckt bei Zimmertemperatur 10 Min. ruhen lassen.

3. Das Waffeleisen auf mittlerer Hitzestufe vorheizen. Wenn die Backtemperatur erreicht ist, die Backflächen mit wenig weicher Butter bepinseln. Etwa 3 EL Teig in die Mitte der unteren Backfläche geben und das Waffeleisen ohne Druck schließen. Die Waffel in ca. 3 Min. goldgelb backen und zum Abkühlen auf ein Kuchengitter legen. Weitere Waffeln backen, bis der Teig aufgebraucht ist.

4. Die noch warmen Waffeln mit einem Klecks Karamellbrotaufstrich servieren.

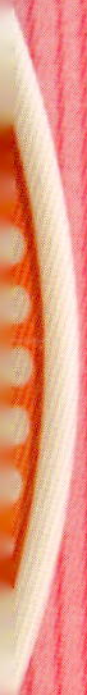

Kokos-waffeln mit Mango-creme

Kokoswaffeln mit Mangocreme

karibisch angehaucht

Zubereitungszeit: **ca. 30 Min.**
Backzeit pro Waffel: **ca. 3 Min.**
Pro Stück: **ca. 575 kcal**

Für ca. 8 Waffeln
Für die Waffeln:
150 g weiche, zimmerwarme Butter
150 g Zucker
3 zimmerwarme Eier
90 g Kokosflocken
90 g Weizenmehl (Type 405)
90 g Speisestärke
Salz
120 ml Kokosmilch*
Für die Mangocreme:
1 reife Mango
200 g Crème double
2–3 EL Puderzucker
Außerdem:
weiche Butter fürs Waffeleisen
Kokosflocken zum Bestreuen

1. Die Butter mit dem Zucker in eine große Rührschüssel geben und mit den Quirlen des Handrührgerätes kurz durchrühren. Die Eier nacheinander unterrühren. Jedes Ei vollständig unterrühren, bevor das nächste zugegeben wird. Kokosflocken dazugeben und die Masse in der Rührschüssel in ca. 5 Min. schaumig rühren.

2. Mehl und Speisestärke mischen, auf die Butter-Eier-Creme sieben und mit 1 Prise Salz mit dem Teigspatel oder Schneebesen rasch unterrühren, dabei die Kokosmilch zugeben. Teig abgedeckt bei Zimmertemperatur 10 Min. ruhen lassen.

Was mache ich, ...

... wenn meine Mango noch nicht ganz reif ist? Eine harte Mango in einen Gefrierbeutel zusammen mit 2 Äpfeln stecken. Den Beutel fest verschließen und die Mango bei Zimmertemperatur durch das Reifegas, das die Äpfel verströmen, in ca. 2 Tagen nachreifen lassen. Mangos übrigens nicht im Kühlschrank aufbewahren, da sie leicht an Geschmack verlieren.

* Kokosmilch gibt es auch in kleineren 250-ml-Tetrapaks. Mit der restlichen Kokosmilch kannst Du Dir z. B. einen Bananen-Kokos-Milchshake mixen.

3. In der Zwischenzeit für die Mangocreme Mango mit einem Sparschäler schälen und jeweils vom Fruchtkern aus die zwei Mangohälften mit einem scharfen Messer abschneiden. Das Fruchtfleisch in kleine Würfel schneiden. Ein Drittel der Mangowürfel für die Garnitur beiseitestellen. Die übrigen Fruchtwürfel in einem Mixbecher mit der Crème double und dem Puderzucker mit dem Pürierstab fein pürieren. Eventuell noch etwas Puderzucker dazugeben, wenn die Creme noch nicht süß genug ist. Die Creme bis zum Servieren kalt stellen.

4. Das Waffeleisen auf mittlerer Hitzestufe vorheizen. Wenn die Backtemperatur erreicht ist, die Backflächen mit wenig weicher Butter bepinseln. Etwa 3 gehäufte EL Teig in die Mitte der unteren Backfläche geben. Das Waffeleisen ohne Druck schließen. Die Waffel in ca. 3 Min. goldgelb backen. Auf ein Kuchengitter legen, sodass die Waffel etwas abkühlen kann. Weitere Waffeln backen, bis der Teig aufgebraucht ist.

5. Die noch warmen Waffeln mit Kokosflocken bestreuen. Jeweils mit einem Klecks Mangocreme sowie Mangowürfeln garnieren und sofort servieren.

VARIANTE: GLUTENFREIE KOKOSWAFFELN MIT ANANASQUARK

Dafür das Weizenmehl im Waffelteig durch **die gleiche Menge Reismehl** und die Stärke durch **glutenfreie Speisestärke** ersetzen. Glutenfreie Waffeln bräunen nicht so stark wie glutenhaltige, deshalb die Backzeit einhalten, da sie trotz heller Oberfläche durchgebacken sind. Die Waffeln wie im Rezept beschrieben zubereiten und ausbacken. Für den Ananasquark **4 Scheiben Ananas aus der Dose** abtropfen lassen und klein würfeln. Dann **200 g Quark (20 % Fett)** mit **2 EL Kokosflocken** und **1 Päckchen Bourbon-Vanillezucker** glatt rühren. **100 g Sahne** steif schlagen und zusammen mit den Ananaswürfeln mithilfe des Teigspatels unter die Quarkcreme heben. Jede Waffel mit einem Klecks Ananasquark als Topping servieren.

Limetten-Knusperwaffeln

fruchtig & exotisch

Zubereitungszeit: **ca. 25 Min.**
Backzeit pro Waffel: **ca. 3 Min.**
Pro Stück: **ca. 365 kcal**

Für ca. 6 Waffeln
100 g Rapsöl
115 g Zucker
3 zimmerwarme Eier
1 Bio-Limette
150 g Weizenmehl (Type 405)
¾ gestrichener TL Backpulver
Salz
Außerdem:
Öl fürs Waffeleisen
Puderzucker zum Bestäuben

1. Alle Zutaten in Schüsselchen separat genau abwiegen und bereitstellen. Das Öl mit dem Zucker in eine große Rührschüssel geben und mit den Quirlen des Handrührgerätes kurz durchrühren. Eier nacheinander unterrühren. Jedes Ei vollständig unterrühren, bevor das nächste zugegeben wird. Dann die Masse in ca. 5 Min. schaumig rühren.

2. Die Limette heiß waschen, abtrocknen, die Schale fein abreiben und den Saft auspressen. Die Limettenschale sowie 3 EL Saft zu der Eimasse geben.

3. Das Mehl mit dem Backpulver mischen und auf die Öl-Eier-Creme sieben. 1 Prise Salz dazugeben. Mehlgemisch und Salz mit dem Teigspatel oder Schneebesen rasch unterrühren. Die Rührschüssel mit einem Teller abdecken und den Teig bei Zimmertemperatur 10 Min. ruhen lassen.

4. Das Waffeleisen auf mittlerer Hitzestufe vorheizen. Wenn die Backtemperatur erreicht ist, die Backflächen mit wenig Öl bepinseln. Etwa 3 EL Teig in die Mitte der unteren Backfläche geben. Waffeleisen ohne Druck schließen und die Waffel in ca. 3 Min. goldgelb backen. Auf ein Kuchengitter legen, sodass die Waffel abkühlen kann. Weitere Waffeln backen, bis der Teig aufgebraucht ist.

5. Die Waffeln mit Puderzucker bestäuben und servieren. Übrigens: Warm sind die Waffeln noch weich. Lässt man sie ganz erkalten, werden sie knusprig.

Halten sich in einer Dose 2 Wochen frisch.

Mandelwaffeln

Wer braucht da noch Kuchen?

Zubereitungszeit: **ca. 30 Min.**
Backzeit pro Waffel: **ca. 3 Min.**
Pro Stück: **ca. 335 kcal**

Für ca. 10 Waffeln
200 g weiche, zimmerwarme Butter
100 g Zucker
1 Päckchen Bourbon-Vanillezucker
4 zimmerwarme Eier
50 g gemahlene Mandeln
150 g Weizenmehl (Type 405)
1 gestrichener TL Backpulver
Salz
75 g Mandelstifte
2 EL Mandellikör nach Belieben
Außerdem:
weiche Butter fürs Waffeleisen
Puderzucker zum Bestäuben

1. Alle Zutaten in kleinen Schüsseln separat genau abwiegen und bereitstellen. Die weiche Butter mit dem Zucker und dem Vanillezucker in eine große Rührschüssel geben. Mit den Quirlen des Handrührgerätes kurz durchrühren. Die Eier nacheinander unterrühren. Dabei jedes Ei erst vollständig unterrühren, bevor das nächste zugegeben wird. Gemahlene Mandeln dazugeben und anschließend die Masse in ca. 5 Min. schaumig rühren.

2. Das Mehl mit dem Backpulver mischen und auf die Butter-Eier-Creme sieben. Mehlgemisch und 1 Prise Salz mit dem Teigspatel oder Schneebesen rasch unterrühren, dabei die Mandelstifte und nach Belieben den Mandellikör unterheben. Den Teig mit 2–3 EL Wasser glatt rühren. Die Schüssel mit einem Teller abdecken und den Teig bei Zimmertemperatur 10 Min. ruhen lassen.

3. Das Waffeleisen auf mittlerer Hitzestufe vorheizen. Wenn die Backtemperatur erreicht ist, die Backflächen mit wenig weicher Butter bepinseln. Etwa 3 EL Teig in die Mitte der unteren Backfläche geben und das Waffeleisen ohne Druck schließen. Die Waffel in ca. 3 Min. goldgelb backen. Auf ein Kuchengitter legen, sodass die Waffel etwas abkühlen kann. Weitere Waffeln backen, bis der Teig vollständig aufgebraucht ist.

4. Die noch warmen Waffeln mit Puderzucker bestäuben und sofort servieren.

Marzipanwaffeln mit Banane

für Süßschnäbel

Zubereitungszeit: **ca. 30 Min.**
Backzeit pro Waffel: **ca. 3 Min.**
Pro Stück: **ca. 360 kcal**

Für ca. 9 Waffeln
125 g weiche, zimmerwarme Butter
60 g Zucker
3 zimmerwarme Eier
125 g Marzipanrohmasse*
250 g Weizenmehl (Type 405)
1 TL Backpulver
Salz
230 ml Vollmilch
1 große Banane (ca. 210 g)
Außerdem:
weiche Butter fürs Waffeleisen
Puderzucker zum Bestäuben

* Hochwertige Marzipanrohmasse besteht nur aus geschälten Mandeln, etwas Wasser, evtl. Rosenwasser und maximal 35 % Zucker. Von billiger Persipanrohmasse (aus Aprikosen- oder Pfirsichkernen) lieber die Finger weglassen!

1. Butter und Zucker in einer großen Rührschüssel mit den Quirlen des Handrührgerätes durchrühren. Eier nacheinander unterrühren. Jedes Ei vollständig unterrühren, bevor das nächste zugegeben wird. Marzipanrohmasse mit einer Rohkostreibe grob in die Eiercreme raspeln und diese in ca. 5 Min. schaumig rühren.

2. Mehl mit Backpulver mischen und auf die Butter-Eier-Creme sieben. Mehlgemisch und 1 Prise Salz mit dem Teigspatel oder Schneebesen rasch unterrühren, dabei die Milch nach und nach untermengen. Die Banane schälen, mit einer Gabel zerdrücken und unter den Teig rühren. Den Teig dann abgedeckt bei Zimmertemperatur 10 Min. ruhen lassen.

3. Das Waffeleisen auf mittlerer Hitzestufe vorheizen. Wenn die Backtemperatur erreicht ist, die Backflächen mit wenig weicher Butter bepinseln. Etwa 3 EL Teig in die Mitte der unteren Backfläche geben und das Waffeleisen ohne Druck schließen. Die Waffel in ca. 3 Min. goldgelb backen und zum Abkühlen auf ein Kuchengitter legen. Weitere Waffeln backen, bis der Teig aufgebraucht ist.

4. Die noch warmen Waffeln mit Puderzucker bestäuben und sofort servieren.

Müsliwaffeln mit Granola

Müsliwaffeln mit Granola

für Knusperlustige

Zubereitungszeit: **ca. 30 Min.**
Backzeit pro Waffel: **ca. 3 Min.**
Pro Stück: **ca. 385 kcal**

Für ca. 7 Waffeln
Für die Waffeln:
100 g weiche, zimmerwarme Butter
75 g Muscovadozucker (Naturkostladen)*
4 zimmerwarme Eier
125 g Weizenmehl (Type 405)
½ gestrichener TL Backpulver
Salz
100 g Müslimischung mit gefriergetrockneten Beeren
80 g Sahne
Für die Granola:
1 EL Muscovadozucker
1 EL kernige Haferflocken
1 EL Sonnenblumenkerne
1 EL Kokosflocken
½ TL Zimtpulver
1 Bio-Orange
Außerdem:
weiche Butter fürs Waffeleisen

* Feuchter, grober, dunkler Rohrohrzucker mit interessanten Karamell- und Malznoten, der meist aus Mauritius stammt.

1. Butter mit Zucker in eine große Rührschüssel geben und mit den Quirlen des Handrührgerätes kurz durchrühren. Die Eier nacheinander unterrühren. Jedes Ei erst vollständig unterrühren, bevor das nächste zugegeben wird. Dann die Masse in ca. 5 Min. schaumig rühren.

2. Mehl mit Backpulver mischen und auf die Butter-Eier-Creme sieben. Mehlgemisch, 1 Prise Salz und Müslimischung mit dem Teigspatel oder dem Schneebesen unterrühren, die Sahne mit 2–3 EL Wasser nach und nach untermengen. Teig bei Zimmertemperatur 10 Min. ruhen lassen

Zucker karamellisierst Du …

… am besten in einer beschichteten Pfanne bei mittlerer Hitze! Dazu den Zucker erhitzen, bis er sich aufgelöst hat und bernsteinfarben geworden ist. Achtung: Zucker verbrennt leicht, also dabeibleiben und die Hitzezufuhr im Auge behalten. Die Pfanne hin und her bewegen, sodass der Zucker überall gleichmäßig karamellisiert.

3. Für die Granola Muscovadozucker, Haferflocken, Sonnenblumenkerne, Kokosflocken und Zimt in einer beschichteten Pfanne bei mittlerer Hitze rösten, bis der Zucker karamelliert ist. Granola zum Abkühlen auf einen Teller schütten. Die Orange heiß waschen und abtrocknen. Mit einer Mikroreibe die Schale fein abreiben. Den Orangenschalenabrieb unter die Granola mischen und diese für die Garnitur beiseitestellen.

4. Das Waffeleisen auf mittlerer Hitzestufe vorheizen. Wenn die Backtemperatur erreicht ist, die Backflächen mit wenig weicher Butter bepinseln. Etwa 3 EL Teig in die Mitte der unteren Backfläche geben und das Waffeleisen ohne Druck schließen. Die Waffel in ca. 3 Min. goldgelb backen. Dann auf ein Kuchengitter legen, sodass die Waffel etwas abkühlen kann. Weitere Waffeln backen, bis der Teig aufgebraucht ist.

5. Die noch warmen Waffeln mit der Granola bestreuen und sofort servieren.

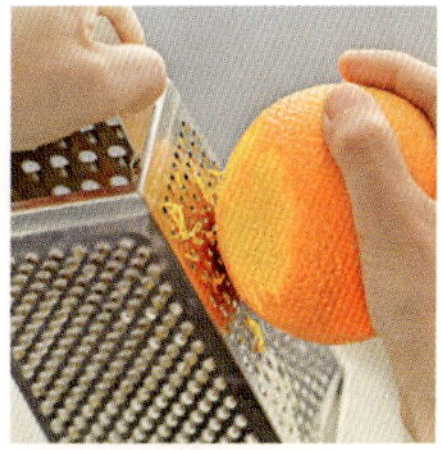

VARIANTE: SCHOKOMÜSLIWAFFELN MIT NUSSGRANOLA

Ersetze die Müslimischung mit gefriergetrockneten Beeren durch ein **Schokoladenmüsli**. Wenn Du dieses im Laden nicht findest, kannst du auch 80 g von einer normalen Müslimischung (mit Nüssen und Rosinen) nehmen und zusätzlich ca. 20 g dunkle Schokolade mit einem Sparschäler in die Müslimischung raspeln. Für eine nussige Variante der Granola ersetzt Du die Haferflocken, Sonnenblumenkerne und Kokosflocken durch **3–4 EL gehackte Nussmischung** (z. B. Wal-, Hasel-, Erdnüsse, Mandeln, Pinienkerne, Pistazien). Wenn Du es exotisch-fruchtig liebst, mische eine **normale Müslimischung** mit **3 EL getrockneten Mango-, Ananasstücken und Goji-Beeren** plus **1 EL Kokoschips**.

Muttis Feinwaffeln mit Apfelkompott

ein altes Familienrezept

Zubereitungszeit: **ca. 50 Min.**
Backzeit pro Waffel: **ca. 3 Min.**
Pro Stück: **ca. 390 kcal**

Für ca. 7 Waffeln
4 säuerliche Äpfel (z. B. Boskop)
2 EL Zitronensaft
80 g Zucker | 500 ml Apfelsaft
Mark und Schote von ½ Vanilleschote
¼–½ TL Zimtpulver
2–3 Prisen frisch gemahlene Muskatnuss
1 EL Speisestärke | 125 g Butter
1 Päckchen Bourbon-Vanillezucker
4 zimmerwarme Eier
100 g Weizenmehl (Type 405) | Salz
4 EL Sahne
Außerdem:
weiche Butter fürs Waffeleisen
Puderzucker zum Bestäuben

1. Fürs Kompott Äpfel vierteln, schälen, ohne Kerngehäuse klein würfeln und mit Zitronensaft vermengen. 50 g Zucker in einem Topf bei mittlerer Hitze karamellisieren lassen. Mit Apfelsaft ablöschen und kochen, bis der Karamell gelöst ist. Vanillemark und -schote zum Saft geben. Mit Zimt und Muskatnuss würzen. Alles ca. 5 Min. sprudelnd kochen lassen.

2. Äpfel zugeben. Stärke mit 2 EL Wasser an- und in den heißen Saft einrühren. Nochmal aufkochen und dann abkühlen lassen. Die Vanilleschote entfernen.

3. Für die Waffeln Butter bei kleiner Hitze schmelzen, 5 Min. abkühlen lassen. Butter, 30 g Zucker und Vanillezucker mit den Quirlen des Handrührgerätes verrühren. Eier nacheinander unterrühren, die Masse in 5 Min. schaumig rühren.

4. Das Mehl über die Butter-Eier-Creme sieben. 1 Prise Salz zugeben. Mehl und Salz mit dem Teigspatel oder Schneebesen rasch unterrühren, dabei die Sahne mit ca. 2 EL Wasser nach und nach untermengen. Den Teig abgedeckt bei Zimmertemperatur 10 Min. ruhen lassen.

5. Das Waffeleisen auf mittlerer Hitzestufe vorheizen. Heiße Backflächen mit wenig Butter bepinseln. Etwa 2 ½ EL Teig ins Waffeleisen geben und dieses ohne Druck schließen. Waffel in ca. 3 Min. goldgelb backen, auf einem Kuchengitter etwas abkühlen lassen. Weitere Waffeln ebenso backen. Die noch warmen Waffeln mit Puderzucker bestäuben und mit dem Apfelkompott servieren.

Passionsfruchtwaffeln

sehr fein und aromatisch

Zubereitungszeit: **ca. 30 Min.**
Backzeit pro Waffel: **ca. 3 Min.**
Pro Stück: **ca. 310 kcal**

Für ca. 10 Waffeln
200 g weiche, zimmerwarme Butter
100 g Zucker
4 zimmerwarme Eier
200 g Weizenmehl (Type 405)
1 gestrichener TL Backpulver
Salz
4 Passionsfrüchte*
Außerdem:
weiche Butter fürs Waffeleisen
Puderzucker zum Bestäuben

*Diese Exoten sollten schon beim Kauf schrumpelig aussehen, denn nur dann sind sie reif und haben ihr volles Aroma. Bei Zimmertemperatur halten sie sich 4–5 Tage, im Kühlschrank 2–3 Wochen.

1. Alle Zutaten in kleinen Schüsseln separat genau abwiegen und bereitstellen. Die Butter mit dem Zucker in eine große Rührschüssel geben und mit den Quirlen des Handrührgerätes kurz durchrühren. Die Eier nacheinander unterrühren. Jedes Ei erst vollständig unterrühren, bevor das nächste Ei dazugegeben wird. Anschließend die Masse noch in ca. 5 Min. schaumig rühren.

2. Das Mehl mit dem Backpulver mischen und auf die Butter-Eier-Creme sieben. 1 Prise Salz dazugeben. Mehlgemisch und Salz mit dem Teigspatel oder dem Schneebesen rasch unterrühren. Die Rührschüssel mit einem Teller abdecken und den Teig bei Zimmertemperatur ca. 10 Min. ruhen lassen.

3. Die Passionsfrüchte halbieren, das Fruchtmark mit einem Löffel direkt aus den Schalenhälften in den Waffelteig schaben und unterrühren.

4. Das Waffeleisen auf mittlerer Hitzestufe vorheizen. Wenn die Backtemperatur erreicht ist, die Backflächen mit wenig weicher Butter bepinseln. Etwa 3 EL Teig in die Mitte der unteren Backfläche geben und das Waffeleisen ohne Druck schließen. Die Waffel in ca. 3 Min. goldgelb backen. Auf ein Kuchengitter legen, sodass die Waffel etwas abkühlen kann. Weitere Waffeln backen, bis der Teig vollständig aufgebraucht ist.

5. Die noch warmen Waffeln mit Puderzucker bestäuben und sofort servieren.

Ein exotischer Obstsalat als Topping – ein Gedicht!

Pistazien-waffeln

Pistazienwaffeln

edel & nussig

Zubereitungszeit: **ca. 30 Min.**
Backzeit pro Waffel: **ca. 3 Min.**
Pro Stück: **ca. 485 kcal**

Für ca. 6 Waffeln
60 g geschälte, ungesalzene Pistazien *
150 g weiche, zimmerwarme Butter
120 g Zucker
1 Päckchen Bourbon-Vanillezucker
4 zimmerwarme Eier
100 g Weizenmehl (Type 405)
½ gestrichener TL Backpulver
Salz
150 g Sahnejoghurt (10 % Fett)
Außerdem:
weiche Butter fürs Waffeleisen
Puderzucker zum Bestäuben

1. Alle Zutaten in kleinen Schüsseln separat genau abwiegen und bereitstellen. Die Pistazienkerne im Blitzhacker oder in der Küchenmaschine mit Schneidemessern fein mahlen. Beiseitestellen.

2. Die weiche Butter mit dem Zucker und Vanillezucker in eine große Rührschüssel geben und mit den Quirlen des Handrührgerätes in ca. 5 Min. weiß-cremig rühren. Eier nacheinander unterrühren. Jedes Ei zuerst vollständig unterrühren, bevor das nächste zugegeben wird. Nochmals ca. 5 Min. weiterrühren, bis eine schaumige Masse entstanden ist.

3. Das Mehl mit dem Backpulver mischen, auf die Butter-Eier-Creme sieben und mit dem Teigspatel oder Schneebesen rasch unter die Creme rühren.

* Geschälte Pistazien sind ziemlich teuer, am besten ungeschälte, ungesalzene Pistazien kaufen. Diese schälen, in ein Geschirrhandtuch legen und die bräunliche Haut um die Kerne abreiben.

So schmeckt's auch

Probier mal Macadamianuss-Waffeln mit leichter Salznote. Dazu ersetzt Du die Pistazien durch 80 g gesalzene Macadamianusskerne.

4. Anschließend 1 Prise Salz, die gemahlenen Pistazien und den Sahnejoghurt zugeben und alle drei Zutaten ebenfalls mit dem Teigspatel unterrühren. Den Teig mit 2–3 EL Wasser glatt rühren. Nun die Rührschüssel mit einem Teller abdecken und den Teig bei Zimmertemperatur noch ca. 10 Min. ruhen lassen.

5. Das Waffeleisen auf mittlerer Hitzestufe vorheizen. Wenn die Backtemperatur erreicht ist, die Backflächen mit wenig weicher Butter bepinseln. Etwa 3 EL Teig in die Mitte der unteren Backfläche geben und das Waffeleisen ohne Druck schließen. Die Waffel in ca. 3 Min. goldgelb backen. Auf ein Kuchengitter legen, sodass die Waffel etwas abkühlen kann. Weitere Waffeln backen, bis der Teig vollständig aufgebraucht ist.

6. Die noch warmen Waffeln mit Puderzucker bestäuben und sofort servieren.

UND DAZU: FEINE ORANGENSAUCE

1 Bio-Orange heiß waschen, abtrocknen und die Schale fein abreiben. Bio-Orange und **1 weitere Orange** auspressen. Orangensaft mit **5 EL Orangenmarmelade oder Lemon-Curd** (fertige Zitronencreme aus dem Glas) in einem Topf verrühren, bei mittlerer Hitze aufkochen und ca. 5 Min. offen köcheln lassen. Orangenschale und **nach Belieben 2 EL Orangen- oder Zitronenlikör** unterrühren. Die Sauce auskühlen lassen und zu den Pistazienwaffeln servieren.
Greife lieber zu Bio-Zitrusfrüchten, denn diese werden nicht mit Pestiziden gespritzt und außerdem wird die Schale nach der Ernte nicht mit einem chemischen Wachs überzogen. Diese Überzugsmittel sind auch durch Waschen nicht von der Oberfläche der Zitrusfrüchte zu bekommen.

Reiswaffeln

Kinderliebling

Zubereitungszeit: **ca. 45 Min.**
Backzeit pro Waffel: **ca. 3 Min.**
Pro Stück: **ca. 215 kcal**

Für ca. 8 Waffeln
100 g Risotto- oder Milchreis
400 ml Vollmilch
½ Vanilleschote
40 g Zucker
3 Eier
80 g Weizenmehl (Type 405)
½ gestrichener TL Backpulver
Salz
100 ml Sahne
Außerdem:
weiche Butter fürs Waffeleisen
2 EL Puderzucker
¼ TL Zimtpulver

1. Den Reis in ein Sieb geben, mit kaltem Wasser abspülen und abtropfen lassen. 250 ml Milch in einem Topf aufkochen, den Reis mit einem Holzlöffel einrühren. Die Vanilleschote mit einem spitzen, scharfen Messer längs halbieren und mit dem Messerrücken das Vanillemark auskratzen. Vanillemark und -schote zum Reis geben. Diesen aufkochen, dann bei mittlerer Hitze ca. 20 Min. köcheln lassen. Dabei öfters umrühren, damit der Milchreis am Topfboden nicht anklebt.

2. Milchreis und Zucker in eine große Rührschüssel geben und mit den Quirlen des Handrührgerätes durchrühren. Die Eier nacheinander unterrühren. Jedes Ei vollständig unterrühren, bevor das nächste dazugegeben wird. Dann die Masse noch ca. 5 Min. weiterrühren.

3. Mehl mit Backpulver mischen, auf die Reis-Eier-Creme sieben und mit dem Teigspatel rasch unterrühren. 1 Prise Salz, Sahne und restliche Milch mit dem Teigspatel unterrühren, sodass ein glatter Teig entsteht. Diesen zugedeckt bei Zimmertemperatur 10 Min. ruhen lassen.

4. Das Waffeleisen auf mittlerer Hitzestufe vorheizen. Wenn die Backtemperatur erreicht ist, die Backflächen mit wenig weicher Butter bepinseln. 3–4 EL Teig in die Mitte der unteren Backfläche geben. Das Waffeleisen ohne Druck schließen. Die Waffel in ca. 3 Min. goldgelb backen. Zum Auskühlen auf ein Kuchengitter legen. Weitere Waffeln backen, bis der Teig aufgebraucht ist.

5. Den Puderzucker mit dem Zimtpulver in einer Tasse vermischen. Die noch warmen Waffeln damit bestäuben und anschließend sofort servieren.

Statt selbst gekochtem fertigen Milchreis (200g) und weniger Zucker nehmen.

Sauerkirschwaffeln mit Schokoladen-Nugat-Sahne

Schwarzwälder Kirschtorte in Waffelform

Zubereitungszeit: **ca. 40 Min.**
Backzeit pro Waffel: **ca. 3 Min.**
Pro Stück: **ca. 560 kcal**

Für ca. 7 Waffeln
Für die Schokoladen-Nugat-Sahne:
250 ml kalte Sahne
2–3 EL Nugatcreme
Für die Waffeln:
200 g gut abgetropfte Sauerkirschen aus dem Glas
125 g weiche, zimmerwarme Butter
125 g Zucker
3 Eier
250 g Weizenmehl (Type 405)
½ gestrichener TL Backpulver
Salz
125 ml Vollmilch
Außerdem:
weiche Butter fürs Waffeleisen
Puderzucker zum Bestäuben

1. Für die Schokoladen-Nugat-Sahne die kalte Sahne mit der Nugatcreme in einen hohen Rührbecher geben und mit den Quirlen des Handrührgerätes steif schlagen. Den Rührbecher abdecken und in den Kühlschrank stellen.

2. Für die Waffeln die Kirschen in einem Sieb gut ausdrücken. Butter mit Zucker in eine große Rührschüssel geben und mit den Quirlen des Handrührgerätes in ca. 5 Min. weiß-cremig rühren. Die Eier nacheinander unterrühren, dann noch die Masse in ca. 5 Min. schaumig rühren.

3. Mehl mit Backpulver mischen und auf die Butter-Eier-Creme sieben. Mit dem Teigspatel zuerst das Mehl, dann 1 Prise Salz und die Milch rasch unterrühren. Die Kirschen halbieren und unterrühren. Den Teig zugedeckt bei Zimmertemperatur noch ca. 10 Min. ruhen lassen.

4. Das Waffeleisen auf mittlerer Hitzestufe vorheizen. Wenn die Backtemperatur erreicht ist, die Backflächen mit wenig weicher Butter bepinseln. Etwa 3 EL Teig in die Mitte der unteren Backfläche geben. Waffeleisen ohne Druck schließen. Die Waffel in ca. 3 Min. goldgelb backen. Dann zum Abkühlen auf ein Kuchengitter legen. Weitere Waffeln backen, bis der Teig aufgebraucht ist. Die noch warmen Waffeln mit Puderzucker bestäuben und mit je einem Klecks Schokoladen-Nugat-Sahne servieren.

Statt Glaskirschen aufgetaute TK-Ware nehmen.

Schokoladenwaffeln

für Schokoholics!

Zubereitungszeit: **ca. 30 Min.**
Backzeit pro Waffel: **ca. 3 Min.**
Pro Stück: **ca. 420 kcal**

Für ca. 10 Waffeln
200 g weiche, zimmerwarme Butter
150 g Zucker
4 zimmerwarme Eier
325 g Weizenmehl (Type 405)
1 EL Kakaopulver
½ gestrichener TL Backpulver
Salz
200 ml Vollmilch
80 g Zartbitterschokolade
(70 % Kakaoanteil)
Außerdem:
weiche Butter fürs Waffeleisen
Puderzucker zum Bestäuben

1. Alle Zutaten in kleinen Schüsseln separat genau abwiegen und bereitstellen. Die Butter mit dem Zucker in eine große Rührschüssel geben und mit den Quirlen des Handrührgerätes in ca. 5 Min. zu einer weiß-cremigen Masse rühren. Die Eier nacheinander unterrühren. Jedes Ei vollständig unterrühren, bevor das nächste zugegeben wird. Anschließend nochmals ca. 5 Min. weiterrühren, bis eine schaumige Masse entstanden ist.

2. Mehl mit Kakao- und Backpulver mischen und auf die Butter-Eier-Creme sieben. Mit dem Teigspatel oder Schneebesen das Mehlgemisch rasch unterrühren. Nun 1 Prise Salz und die Milch zugeben und ebenfalls mit dem Spatel unterrühren, sodass ein glatter Teig entsteht. Die Schokolade mit einer Mikroreibe fein reiben und unter den Teig rühren. Die Rührschüssel mit einem Teller abdecken und den Teig bei Zimmertemperatur ca. 10 Min. ruhen lassen.

3. Das Waffeleisen auf mittlerer Hitzestufe vorheizen. Wenn die Backtemperatur erreicht ist, die Backflächen mit wenig weicher Butter bepinseln. Etwa 3 EL Teig in die Mitte der unteren Backfläche geben und das Waffeleisen ohne Druck schließen. Die Waffel in ca. 3 Min. goldgelb backen. Auf ein Kuchengitter legen, sodass die Waffel etwas abkühlen kann. Weitere Waffeln backen, bis der Teig vollständig aufgebraucht ist.

4. Die noch warmen Waffeln mit Puderzucker bestäuben und sofort servieren.

Vollkorn-Nuss-Waffeln mit Ahornsirup

nussig und würzig

Zubereitungszeit: **ca. 35 Min.**
Backzeit pro Waffel: **ca. 3 Min.**
Pro Stück: **ca. 340 kcal**

Für ca. 8 Waffeln
150 g weiche, zimmerwarme Butter
50 g brauner Rohrzucker
3 zimmerwarme Eier
200 g Weizenvollkornmehl
50 g gemahlene Haselnüsse
1 gestrichener TL Backpulver
Salz
½ gestrichener TL Zimtpulver
2 Messerspitzen Gewürznelkenpulver
200 ml Vollmilch
Außerdem:
weiche Butter fürs Waffeleisen
Ahornsirup zum Beträufeln

1. Die Butter mit dem Zucker in eine große Rührschüssel geben und mit den Quirlen des Handrührgerätes in ca. 5 Min. weißcremig rühren. Die Eier nacheinander unterrühren. Jedes Ei zuerst vollständig unterrühren, bevor das nächste dazugegeben wird. Dann nochmals ca. 5 Min. weiterrühren, bis eine schaumige Masse entstanden ist.

2. Mehl mit Haselnüssen sowie Backpulver mischen und auf die Butter-Eier-Creme geben. Mit dem Teigspatel oder Schneebesen das Mehlgemisch unterrühren. Anschließend 1 Prise Salz, Zimt- und Nelkenpulver zusammen mit der Milch ebenfalls mithilfe des Teigspatels unterrühren, bis ein glatter Teig entsteht. Die Rührschüssel mit einem Teller abdecken und den Teig bei Zimmertemperatur ca. 15 Min. ruhen lassen.

3. Das Waffeleisen auf mittlerer Hitzestufe vorheizen. Wenn die Backtemperatur erreicht ist, die Backflächen mit wenig weicher Butter bepinseln. Etwa 3 EL Teig in die Mitte der unteren Backfläche geben und das Waffeleisen ohne Druck schließen. Die Waffel in ca. 3 Min. goldgelb backen. Auf ein Kuchengitter legen, sodass die Waffel etwas abkühlen kann. Weitere Waffeln backen, bis der Teig vollständig aufgebraucht ist.

4. Die noch warmen Waffeln mit Ahornsirup beträufeln und sofort servieren.

Waffeln mit Mascarpone und Olivenöl

himmlisch mit Himbeer-Rhabarber-Kompott

Zubereitungszeit: **ca. 20 Min.**
Backzeit pro Waffel: **ca. 3 Min.**
Pro Stück: **ca. 305 kcal**

Für ca. 9 Waffeln
Für das Rhabarberkompott:
600 g rotstieliger Rhabarber
ca. 6 EL Himbeersirup
Für die Waffeln:
3 Eier
150 g Mascarpone
60 g Zucker
1 Päckchen Bourbon-Vanillezucker
3 EL bestes Olivenöl*
150 ml Vollmilch
250 g Weizenmehl (Type 550)
2 gestrichene TL Backpulver
Salz
Außerdem:
Olivenöl fürs Waffeleisen
Puderzucker zum Bestäuben

* Gutes Olivenöl erkennst Du an der Aufschrift „Natives Olivenöl Extra“. Diese von der EU vorgeschriebene Gütebezeichnung bürgt dafür, dass das Öl aus frisch geernteten Oliven kalt gepresst und ohne Zusatz von chemischen Stoffen hergestellt wurde.

1. Für das Kompott Rhabarber waschen und die Enden abschneiden. Die Stangen in 1 cm dicke Scheiben schneiden. Falls sich dabei Fäden lösen, diese abziehen. Die Rhabarberstücke mit dem Himbeersirup und 4 EL Wasser in einem Topf zum Kochen bringen und zugedeckt bei kleiner Hitze ca. 5 Min. köcheln lassen. Sofort in eine Schüssel abfüllen und abkühlen lassen.

2. Für die Waffeln alle Zutaten der Reihe nach in einen hohen Rührbecher geben. Mit dem Pürierstab gut durchmixen, sodass ein glatter Teig entsteht.

3. Das Waffeleisen auf mittlerer Hitzestufe vorheizen. Wenn die Backtemperatur erreicht ist, die Backflächen mit wenig Olivenöl bepinseln. Etwa 3 EL Teig in die Mitte der unteren Backfläche geben. Die Waffel in ca. 3 Min. goldgelb backen. Dann zum Abkühlen auf ein Kuchengitter legen. Weitere Waffeln backen, bis der Teig aufgebraucht ist.

4. Das Kompott evtl. mit dem Sirup etwas nachsüßen. Die noch warmen Waffeln mit Puderzucker bestäuben und mit dem Kompott servieren.

Keine Rhabarber-saison? Kompott mit 4 säuerlichen, klein geschnittenen Äpfeln zubereiten.

Waffelturm mit Litschis

Hochstaplers Liebling

Zubereitungszeit: **ca. 50 Min.**
Backzeit pro Waffel: **ca. 3 Min.**
Bei 8 Stücken pro Stück: **ca. 285 kcal**

Für 1 Torte
Für die Waffeln:
3 zimmerwarme Eier
Salz
45 g Zucker
1 Päckchen Bourbon-Vanillezucker
40 g Weizenmehl (Type 405)
¼ TL Backpulver
40 g gemahlene Mandeln
2 Tropfen Bittermandelaroma
Für die Füllung:
100 g TK-Himbeeren
1 Dose Litschis (225 g Abtropfgewicht)
300 g kalte Sahne
2 EL Puderzucker
1 Päckchen Bourbon-Vanillezucker
Außerdem:
weiche Butter fürs Waffeleisen
Puderzucker zum Bestäuben

1. Eier trennen, Eiweiße in einen hohen Rührbecher, Eigelbe in eine große Rührschüssel geben. Eiweiße mit 1 Prise Salz steif schlagen, kalt stellen. Eigelbe mit 3 EL heißem Wasser, Zucker und Vanillezucker mit den Quirlen des Handrührgerätes in ca. 5 Min. schaumig schlagen.

2. Das Mehl mit dem Backpulver mischen, auf die Eigelbmasse sieben und mit Mandeln und Bittermandelaroma mithilfe des Teigspatels rasch unter die Eigelbmasse rühren. Anschließend den Eischnee vorsichtig unterheben.

3. Das Waffeleisen auf mittlerer Hitzestufe vorheizen. Wenn die Backtemperatur erreicht ist, die Backflächen mit wenig Butter bepinseln. Etwa 3 EL Teig in die Mitte der unteren Backfläche geben. Das Waffeleisen ohne Druck schließen. Waffel in 2–3 Min. goldgelb backen. Aus dem Teig vier Waffeln backen. Diese auf einem Kuchengitter auskühlen lassen.

4. Für die Füllung die Himbeeren in einem Sieb auftauen, die Litschis in einem Sieb abtropfen lassen und halbieren. Die aufgetauten Himbeeren mit der Sahne in einer großen Rührschüssel mit den Quirlen des Handrührgerätes verrühren. Den Puderzucker und den Vanillezucker dazugeben und die Masse steif schlagen.

5. Jede Waffel mit einem Viertel der Himbeersahne bestreichen und mit einigen Litschis belegen. Die Waffeln auf einer Tortenplatte zum Turm stapeln. Fertige Waffeltorte mit Puderzucker bestäuben und sofort servieren.

HOME

Zitronen-Schmand-Waffeln

fein säuerliche Note

Zubereitungszeit: **ca. 30 Min.**
Backzeit pro Waffel: **ca. 3 Min.**
Pro Stück: **ca. 290 kcal**

Für ca. 7 Waffeln
50 g weiche, zimmerwarme Butter
75 g Zucker
2 EL Lemon-Curd (Zitronenaufstrich aus dem Glas)
125 g Schmand
3 zimmerwarme Eier
175 g Weizenmehl (Type 405)
½ gestrichener TL Backpulver
Salz
100 ml Vollmilch
1 Bio-Zitrone
Außerdem:
weiche Butter fürs Waffeleisen
Puderzucker zum Bestäuben
Lemon-Curd nach Belieben

1. Die Butter mit Zucker und Lemon Curd in eine große Rührschüssel geben und mit den Quirlen des Handrührgerätes in ca. 5 Min. cremig rühren. Den Schmand unterrühren. Die Eier nacheinander unterrühren. Jedes Ei vollständig unterrühren, bevor das nächste dazugegeben wird. Nochmals ca. 5 Min. weiterrühren, bis eine schaumige Masse entstanden ist.

2. Das Mehl mit dem Backpulver mischen und auf die Butter-Eier-Creme sieben. Mit dem Teigspatel rasch zunächst das Mehlgemisch, dann 1 Prise Salz und die Milch unterrühren, sodass ein glatter Teig entsteht. Rührschüssel mit einem Teller abdecken und den Waffelteig bei Zimmertemperatur 10 Min. ruhen lassen.

3. Zitrone heiß waschen, abtrocknen, die Schale mit einer Mikroreibe fein abreiben und den Saft auspressen. Die Hälfte des Zitronenabriebs mit 2 EL Zitronensaft unter den Teig rühren.

4. Das Waffeleisen auf mittlerer Hitzestufe vorheizen. Wenn die Backtemperatur erreicht ist, die Backflächen mit wenig weicher Butter bepinseln. Etwa 3 EL Teig in die Mitte der unteren Backfläche geben und das Waffeleisen ohne Druck schließen. Die Waffel in ca. 3 Min. goldgelb backen und zum Abkühlen auf ein Kuchengitter legen. Weitere Waffeln backen, bis der Teig aufgebraucht ist.

5. Die noch warmen Waffeln mit Puderzucker und restlichem Zitronenabrieb bestreuen. Nach Belieben die Waffeln mit einem Klecks Lemon-Curd servieren.

Das passt zu süßen Waffeln

FEINE VANILLESAUCE

- **1 Vanilleschote** mit einem spitzen, scharfen Messer längs halbieren und mit dem Messerrücken das Vanillemark aus den Schotenhälften kratzen. **250 ml Milch** und **125 g Sahne** mit Vanillemark und -schote in einem Topf aufkochen lassen. Die aufgekochte Milch vom Herd nehmen. **30 g Zucker** mit **4 Eigelben** in einer Rührschüssel mit den Quirlen des Handrührgerätes ca. 5 Min. rühren, bis sich der Zucker aufgelöst hat. Die Masse unter Rühren in die heiße (< 75°) Milch gießen. Mit einem Schneebesen die Sauce gut durchrühren. Den Topf zurück auf die Herdplatte stellen und die Vanillesauce bei mittlerer Hitze und unter ständigem Rühren mit einem Schneebesen in ca. 5 Min. dicklich aufschlagen, sie darf währenddessen nicht kochen. Sauce abkühlen lassen, dabei ab und zu umrühren. Die Vanilleschote entfernen und die Sauce zu den Waffeln servieren.

KARAMELLSAUCE MIT WALNÜSSEN

- **150 g Zucker** mit **2 EL Wasser** in einem Topf bei mittlerer Hitze aufkochen lassen, bis der Zucker hellbraun wird. **50 g klein gehackte Walnusskerne** dazugeben und im Karamell mit einem Holzlöffel wenden. Den Karamell sofort mit **100 ml Sahne** ablöschen und bei mittlerer Hitze köcheln lassen, bis er sich in der Sahne aufgelöst hat. Die Karamellsauce mit **Salz** abschmecken und lauwarm zu den frisch gebackenen Waffeln servieren.
- Aufgepasst beim Handling mit karamellisiertem Zucker. Er ist so heiß, dass er böse Verbrennungen hinterlässt, wenn er auf die Haut kommt. Und tropft er auf ein Ceranfeld, frisst er ein Loch hinein.

APRIKOSEN-ROSMARIN-KOMPOTT

* **3 EL Zucker** mit **2 EL Wasser** in einer Pfanne bei mittlerer Hitze karamellisieren lassen. **1 Zweig Rosmarin** dazugeben. Pfanne vom Herd nehmen. **2 EL Butter** hinzufügen. **500 g Aprikosen** waschen, halbieren, entsteinen und in feine Spalten schneiden. Die Pfanne zurück auf die Herdplatte stellen. Die Aprikosenspalten in den Karamell geben, kurz aufkochen lassen, mit **100 ml Aprikosennektar** ablöschen. Einmal aufkochen lassen, vom Herd nehmen und in der Pfanne abkühlen lassen. Rosmarin entfernen. **50 g Mandelstifte** in einer Pfanne ohne Fett bei mittlerer Hitze rösten, bis sie duften. Das Kompott mit den Mandelstiften bestreuen und zu den Waffeln reichen.

OBSTSALAT MIT PASSIONSFRUCHT

* **1 reife Mango** schälen, das Fruchtfleisch am Kern entlang abschneiden und in Würfel schneiden. **2 Orangen** mit einem scharfen Messer dick, bis ins Fruchtfleisch hinein schälen, das Fruchtfleisch zwischen den weißen Häuten auslösen, sodass kleine Orangenfilets herausgeschnitten werden. **1 Apfel** vierteln, vom Kerngehäuse befreien, schälen und klein würfeln. **1 große Banane** schälen und in Scheiben schneiden. **½ Zitrone** auspressen und den Saft mit den vorbereiteten Früchten in einer Schüssel mischen. **1 Passionsfrucht** halbieren, das Fruchtmark mit einem Löffel aus der Schale schaben und zusammen mit **1 Päckchen Bourbon-Vanillezucker** unter den Obstsalat mischen. Diesen 30 Min. kalt stellen.

PIKANTE WAFFELN

Apéro-Waffeln

Da ist für jeden Geschmack was dabei!

Zubereitungszeit: **ca. 10 Min.**
Backzeit pro Waffel: **ca. 3 Min.**
Pro Herzchen: **ca. 105 kcal**

Für ca. 3 große, gefüllte Herzwaffeln (entspricht 15 kleinen Herzchen)

1 Rolle Blätterteig (275 g; Fertigprodukt aus dem Kühlregal)
3 TL Basilikum-Pesto
3 TL Tomaten-Pesto
3 TL Tapenade (Olivenpaste)
3 TL Knoblauch-Kräuter-Frischkäse
25 g Chorizo in Scheiben (spanische Paprikawurst)

Außerdem:

weiche Butter fürs Waffeleisen
schwarzer Pfeffer aus der Mühle
Chiliflocken
2 TL Sesamsamen
2 TL fein gehackte Pistazien

1. Das Waffeleisen auf höchster Hitzestufe vorheizen. Wenn die Backtemperatur erreicht ist, die Backflächen mit wenig weicher Butter bepinseln.

2. Inzwischen den Blätterteig entrollen und in 6 Stücke von ca. 14 × 14 cm schneiden. 1 Teigstück auf die Größe der Backfläche des Waffeleisens auseinanderziehen und auf die untere Backfläche legen.

3. In jede Herzmitte ca. 3/4 TL Pesto, Tapenade, Frischkäse oder einige Chorizoscheiben geben. Ein zweites Blätterteigquadrat in Form ziehen und auf die Füllung legen. Jedes Teigherz nach Wahl mit Pfeffer, Chiliflocken, Sesam oder Pistazien bestreuen. Das Waffeleisen schließen. Die Waffeln in ca. 3 Min. goldgelb backen.

4. Fertige Waffel auf ein Kuchengitter legen. Weitere Waffeln backen, bis der Blätterteig aufgebraucht ist, dabei die Füllung variieren. Zum Servieren die einzelnen Herzchen mit einem scharfen Messer voneinander trennen.

So schmeckt's auch

Die Füllungen kannst Du nach Lust und Laune variieren. Probier auch mal Chili-Frischkäse, Feta mit Tapenade oder frisch gehackten Kräutern, frisch geriebenen Bergkäse oder klein geschnittenen Speck mit Röstzwiebeln. Süßschnäbel naschen die Blätterteigherzen gefüllt mit Karamellkonfitüre, Nugatcreme, Marzipan oder kleinen Schokoladenstückchen.

Toller Snack zu Wein oder Prosecco!

Avocadowaffeln mit Tomatensalsa

Avocadowaffeln mit Tomatensalsa

Muy caliente!

Zubereitungszeit: **ca. 35 Min.**
Backzeit pro Waffel: **ca. 3 Min.**
Pro Stück: **ca. 360 kcal**

Für ca. 6 Waffeln
Für die Waffeln:
60 g weiche, zimmerwarme Butter
2 zimmerwarme Eier
100 g Joghurt
125 g Weizenmehl (Type 405)
½ gestrichener TL Backpulver
½ gestrichener TL Salz
2 Prisen Zucker | 75 ml Vollmilch
1 reife Avocado | 1 EL Zitronensaft*
2–4 Prisen gemahlener Cayennepfeffer
Für die Salsa:
2 große Tomaten
1 kleine Schalotte
2 Stängel Koriandergrün
1 rote Chilischote
4 EL Rapsöl | 2 EL Zitronensaft
1 gehäufter TL brauner Zucker | Salz
Außerdem:
weiche Butter fürs Waffeleisen

* Das Vitamin C im Zitronensaft verhindert, dass das Avocadofruchtfleisch braun wird.

1. Butter in eine große Rührschüssel geben, mit den Quirlen des Handrührgerätes ca. 2 Min. cremig rühren. Eier nacheinander unterrühren. Jedes Ei zuerst vollständig unterrühren, bevor das nächste dazugegeben wird. Den Joghurt zugeben und die Masse in ca. 5 Min. schaumig rühren.

2. Mehl mit Backpulver mischen, auf die Butter-Eier-Creme sieben und mit Salz, Zucker und Milch mit dem Teigspatel unterrühren, sodass ein glatter Teig entsteht. Diesen zugedeckt bei Zimmertemperatur ca. 10 Min. ruhen lassen.

Chilischoten …

… haben sehr unterschiedliche Schärfegrade. Am besten probierst Du vorsichtig ein ganz kleines Stückchen der Schote, bevor du sie ganz in die Salsa gibst. Die feinen Thai-Chilischoten sind meist sehr scharf und es genügt eine kleine Schote, um eine würzige, angenehme Schärfe im Gericht zu erzeugen.

3. Für die Salsa Tomaten waschen, ohne Stielansätze klein würfeln. Schalotte schälen, klein würfeln. Beides in eine Schüssel geben. Koriander und Chilischote waschen. Korianderblättchen abzupfen und klein schneiden. Chilischote längs halbieren, entkernen und sehr fein würfeln. Koriander, Chili, Öl, Zitronensaft und Zucker zu den Tomaten geben. Alles vermischen und mit Salz abschmecken.

4. Für die Waffeln Avocado mit einem Messer längs halbieren. Den Stein entfernen und mit einem Löffel das Fruchtfleisch aus der Schale lösen. Dieses in einem tiefen Teller mit einer Gabel fein zerdrücken. Den Zitronensaft untermengen und die Masse pikant mit Cayennepfeffer abschmecken. Das Avocadomus mit 2–3 EL Wasser unter den Waffelteig rühren.

5. Das Waffeleisen auf mittlerer Hitzestufe vorheizen. Wenn die Backtemperatur erreicht ist, die Backflächen mit wenig Butter bepinseln. Etwa 3 EL Teig in die Mitte der unteren Backfläche geben. Das Waffeleisen ohne Druck schließen. Die Waffel in ca. 3 Min. goldgelb backen. Auf ein Kuchengitter legen, sodass die Waffel etwas abkühlen kann. Weitere Waffeln backen, bis der Teig aufgebraucht ist. Die warmen Waffeln mit der Salsa servieren.

TOPPING-VARIANTE: MANGOSALSA

Reiche die Avocadowaffeln auch mal mit dieser fruchtig-würzigen Mangosalsa. Dazu **1 reife Mango** schälen, das Fruchtfleisch entlang des Kerns abschneiden und klein würfeln. **1 kleine Schalotte** und **1 kleine Knoblauchzehe** schälen und fein hacken. Mango, Schalotte, Knoblauch, **1 EL gehackte Korianderblättchen, etwas abgeriebene Schale von 1 Bio-Limette** sowie **2–3 EL Limettensaft, 1 gehäuften TL braunen Zucker, 1 TL scharfen Senf** und **5 EL Rapsöl** vermischen. Die Salsa mit **Salz, schwarzem Pfeffer aus der Mühle** und **etwas Chilipulver** abschmecken. So erkennst Du eine reife Mango: Mangos bekommen mit der Reife verschiedene Farben. Reife Mangos haben, unabhängig von der Farbe, ein süßes Aroma und sind weich, wenn Du mit dem Daumen auf die Oberfläche drückst.

Buchweizenwaffeln mit geräucherter Forelle

edle Vorspeise

Zubereitungszeit: **ca. 35 Min.**
Backzeit pro Waffel: **ca. 3 Min.**
Pro Stück: **ca. 415 kcal**

Für ca. 8 Waffeln
Für die Waffeln:
125 g weiche, zimmerwarme Butter
½ gestrichener TL Salz
3 zimmerwarme Eier
150 g Buchweizenmehl
100 g Weizenmehl (Type 405)
2 gestrichene TL Backpulver
275 ml zimmerwarme Buttermilch
Für den Belag:
1 Bund Schnittlauch | 250 g Schmand
1 Bio-Zitrone | Kräutersalz
schwarzer Pfeffer aus der Mühle
8 geräucherte Forellenfilets ohne Haut
Außerdem:
weiche Butter fürs Waffeleisen

1. Für die Waffeln Butter und Salz in einer großen Rührschüssel mit den Quirlen des Handrührgerätes in ca. 2 Min. cremig rühren. Die Eier nacheinander unterrühren. Jedes Ei vollständig unterrühren, bevor das nächste dazugegeben wird. Nochmals ca. 5 Min. weiterrühren, bis eine schaumige Masse entstanden ist.

2. Beide Mehlsorten mit dem Backpulver mischen, auf die Butter-Eier-Creme sieben und mit der Buttermilch mithilfe des Teigspatels oder Schneebesens unterrühren, sodass ein glatter Teig entsteht. Diesen zugedeckt bei Zimmertemperatur noch ca. 10 Min. ruhen lassen.

3. Für den Belag den Schnittlauch waschen, trocken schütteln, in feine Röllchen schneiden und mit dem Schmand verrühren. Die Zitrone heiß waschen, abtrocknen und die Hälfte der Schale fein abreiben. Diese mit Kräutersalz und Pfeffer unter den Schmand rühren.

4. Das Waffeleisen auf mittlerer Hitzestufe vorheizen. Wenn die Backtemperatur erreicht ist, die Backflächen mit wenig Butter bepinseln. Etwa 3 EL Teig in die Mitte der unteren Backfläche geben. Das Waffeleisen schließen. Waffel in 3 Min. goldgelb backen. Zum Abkühlen auf ein Kuchengitter legen. Weitere Waffeln backen, bis der Teig aufgebraucht ist.

5. Forellenfilets in je 5 Stücke schneiden. Die Waffeln in Herzchen teilen. Jedes Herzchen mit einem Klecks Schnittlauchschmand und 1 Forellenstück garnieren.

Perfekter Begleiter: der Avocadodip von Seite 122

Chiliwaffeln

Manche mögen's heiß!

Zubereitungszeit: **ca. 35 Min.**
Backzeit pro Waffel: **ca. 3 Min.**
Pro Stück: **ca. 275 kcal**

Für ca. 10 Waffeln
je 1 grüne und rote Chilischote
100 g weiche, zimmerwarme Butter
300 g saure Sahne (10 % Fett)
½ gestrichener TL Salz
1 EL Honig
4 zimmerwarme Eier
300 g Weizenmehl (Type 405)
50 g feiner Polentagrieß (Maisgrieß)
1 gestrichener TL Backpulver
100 ml kohlensäurehaltiges Mineralwasser
Außerdem:
weiche Butter fürs Waffeleisen

1. Die Chilischoten waschen, abtrocknen und längs halbieren. Die Kerne entfernen und die Schoten klein schneiden. Wenn die Chilis sehr scharf sind, nicht die ganze Menge verwenden. Die Butter mit der sauren Sahne, Salz und Honig in eine große Rührschüssel geben und mit den Quirlen des Handrührgerätes in ca. 2 Min. cremig rühren. Eier nacheinander unterrühren. Jedes Ei vollständig unterrühren, bevor das nächste zugegeben wird. Noch ca. 5 Min. weiterrühren, bis eine schaumige Masse entstanden ist.

2. Das Mehl mit Maisgrieß und dem Backpulver mischen und über die Butter-Eier-Creme geben. Mit dem Teigspatel oder Schneebesen die Mehlmischung rasch zusammen mit dem Mineralwasser unterrühren, sodass ein glatter Teig entsteht. Die gehackten Chilischoten untermengen. Die Schüssel mit einem Teller abdecken und den Teig bei Zimmertemperatur 10 Min. ruhen lassen.

3. Das Waffeleisen auf mittlerer Hitzestufe vorheizen. Wenn die Backtemperatur erreicht ist, die Backflächen mit wenig Butter bepinseln. Etwa 3 EL Teig in die Mitte der unteren Backfläche geben. Das Waffeleisen schließen. Die Waffel in ca. 3 Min. goldgelb backen. Auf ein Kuchengitter legen, sodass die Waffel etwas abkühlen kann. Weitere Waffeln backen, bis der Teig aufgebraucht ist. Die noch warmen Waffeln sofort servieren.

Croque-Monsieur-Waffeln

Croque-Monsieur-Waffeln

Der französische Klassiker stand hier Pate.

Zubereitungszeit: **ca. 35 Min.**
Ruhezeit: **ca. 1 Std.**
Backzeit pro Waffel: **ca. 8 Min.**
Pro Stück: **ca. 435 kcal**

Für 5 gefüllte Waffeln
Für den Hefeteig :
250 g Weizenmehl (Type 405)
10 g frische Hefe
½ gestrichener TL Zucker
½ gestrichener TL Salz
1 EL Olivenöl
Für die Füllung:
5 Cornichons (kleine Essiggurken aus dem Glas)
ca. 10 Kirschtomaten
5 gestrichene TL mittelscharfer Senf
40 g Butter
150 g gekochter Schinken in Scheiben
150 g Gruyère-Käse in Scheiben
schwarzer Pfeffer aus der Mühle
Außerdem:
Mehl zum Ausrollen
Nudelholz
weiche Butter fürs Waffeleisen

1. Für den Teig das Mehl in eine große Rührschüssel sieben. In die Mitte eine Mulde hineindrücken. Die Hefe hineinbröckeln. Zucker, Salz, Öl und 170 ml lauwarmes Wasser dazugeben. Mit den Knethaken des Handrührgerätes alle Teigzutaten zu einem glatten Teig kneten. Die Schüssel mit einem Geschirrhandtuch abdecken und den Teig bei Zimmertemperatur ca. 1 Std. gehen lassen.

2. Für die Füllung die Cornichons in feine längliche Scheiben schneiden. Kirschtomaten waschen, abtrocknen und in feine Scheiben schneiden. Den Teig auf einer bemehlten Arbeitsfläche durchkneten und in zehn kleine Portionen von je ca. 42 g teilen. Jeweils eine Teigkugel auf die bemehlte Arbeitsfläche legen. Auf die Teigkugeln etwas Mehl streuen. Nun mit einem Nudelholz die Kugeln zu Kreisen von ca. 16 cm Ø ausrollen.

So schmeckt's auch

Den gekochten Schinken mal durch die gleiche Menge italienische Salami ersetzen. Den Gruyère gerne mal gegen Büffel-Mozzarella tauschen.

3. Das Waffeleisen auf mittlerer Hitzestufe vorheizen. Wenn die Backtemperatur erreicht ist, die Backflächen mit wenig weicher Butter bepinseln. 1 Teigkreis auf die untere Backfläche legen. 1 TL Senf auf den Teigboden streichen, einige Butterflöckchen darauf verteilen. Mit Schinken- und Käsescheiben belegen (Menge je nach Dicke der Scheiben). 1 geschnittene Gurke und 2 aufgeschnittene Tomaten darauf verteilen. Mit schwarzem Pfeffer würzen. Einen zweiten Teigkreis auf den Belag legen und das Waffeleisen mit etwas Druck schließen. Die gefüllte Waffel in 6–8 Min. goldgelb backen.

4. Die fertige Waffel auf ein Schneidebrett legen und die Herzen mit einem scharfen Messer voneinander trennen. Die gefüllten Herzchen sofort servieren. Mit dem restlichen Teig genauso verfahren, sodass insgesamt fünf gefüllte, große Waffeln entstehen. Wenn alle gefüllten Waffeln zusammen gegessen werden sollen, diese vorher backen und im Backofen auf einem Backofenrost bei 100° (Umluft 80°) warm halten.

VARIANTE: VEGETARISCHE CROQUE-MONSIEUR-WAFFELN

Für die Füllung **5 Cornichons** und **10 Kirschtomaten** klein würfeln. **200 g Doppelrahmfrischkäse** mit **150 g fein geriebenem Gruyère-Käse** verrühren. Die Cornichons und Kirschtomaten untermengen. Die Creme mit **Tabasco, Salz** und **schwarzem Pfeffer** abschmecken. Den unteren Teigkreis im Waffeleisen mit dieser Füllung bestreichen. Den zweiten Teigkreis darauflegen und die gefüllten Waffeln wie beschrieben backen. Cornichons sind kleine, sehr würzig eingelegte Essiggurken. Wenn Du sie nicht bekommst, tun es auch 2 mittelgroße Essiggurken. Tabasco ist eine sehr scharfe Chilisauce mit einer Essignote. Wenn Du keinen Tabasco in Deinem Gewürzschrank vorrätig hast, nimm 2–3 Messerspitzen Cayennepfeffer und einen Spritzer Essig.

Indische Waffeln

für Curry-Liebhaber

Zubereitungszeit: **ca. 35 Min.**
Backzeit pro Waffel: **ca. 3 Min.**
Pro Stück: **ca. 430 kcal**

Für ca. 8 Waffeln
je 3 Stängel glatte Petersilie und Koriandergrün
70 g Cashewkerne
200 g Doppelrahmfrischkäse
3 zimmerwarme Eier | 125 ml Rapsöl
125 g Weizenmehl (Type 405)
125 g Kichererbsenmehl (aus dem Reformhaus)
2 gestrichene TL Backpulver
250 ml Vollmilch | ¾ gestrichener TL Salz
1–2 TL Madras-Currypulver (oder andere Currysorte)*
Außerdem:
Öl fürs Waffeleisen
Madras-Currypulver zum Bestäuben

*Madras-Curry ist eine scharfe Currymischung der südindischen Küche. Es ist besonders aromatisch und hat einen höheren Chilianteil als normale oder milde Currymischungen. Falls du es nicht so scharf möchtest, nimm ein mildes Currypulver.

1. Die Kräuter waschen, trocken schütteln und klein schneiden. Die Cashewkerne in einer beschichteten Pfanne ohne Fett bei mittlerer Hitze rösten, bis sie leicht gebräunt sind. Nüsse nicht zu fein hacken.

2. Den Doppelrahmfrischkäse in eine große Rührschüssel geben und mit den Quirlen des Handrührgerätes cremig rühren. Die Eier nacheinander unterrühren. Jedes Ei erst vollständig unterrühren, bevor das nächste Ei dazugegeben wird. Die Masse ca. 5 Min. weiterrühren und zum Schluss das Öl unterrühren.

3. Beide Mehlsorten mit dem Backpulver mischen, auf die Käse-Eier-Creme geben und zusammen mit der Milch mithilfe des Teigspatels nach und nach unterrühren. Den Teig mit Salz und dem Currypulver abschmecken. Die gehackten Kräuter und die Cashewkerne unter den Teig heben. Diesen zugedeckt bei Zimmertemperatur ca. 15 Min. ruhen lassen.

4. Das Waffeleisen auf mittlerer Hitzestufe vorheizen. Wenn die Backtemperatur erreicht ist, die Backflächen mit wenig Öl bepinseln. Etwa 3 EL Teig in die Mitte der unteren Backfläche geben. Waffeleisen ohne Druck schließen und die Waffel in ca. 3 Min. goldgelb backen. Dann zum Abkühlen auf ein Kuchengitter legen. Weitere Waffeln backen, bis der Teig aufgebraucht ist. Die noch warmen Waffeln mit wenig Currypulver bestäuben und sofort servieren.

Kartoffelwaffeln

kräuterwürziger Snack

Zubereitungszeit: **ca. 30 Min.**
Backzeit pro Waffel: **ca. 5 Min.**
Pro Stück: **ca. 260 kcal**

Für ca. 8 Waffeln
100 g Butter
300 g mehligkochende Kartoffeln
4 Stängel glatte Petersilie
1 Zwiebel
4 zimmerwarme Eier
150 g Speisestärke
1 gestrichener TL Backpulver
100 g saure Sahne
100 ml Vollmilch
½ gestrichener TL Zucker
1 TL Salz
schwarzer Pfeffer aus der Mühle
2 Prisen frisch geriebene Muskatnuss
Außerdem:
weiche Butter fürs Waffeleisen

1. Die Butter in einem kleinen Topf bei kleiner Hitze schmelzen, 5 Min. abkühlen lassen. Die Kartoffeln schälen und grob in eine große Rührschüssel raspeln. Die Petersilie waschen, trocken schleudern und mit den Stielen fein schneiden. Die Zwiebel schälen und klein würfeln. Gehackte Petersilie und Zwiebelwürfel unter die Kartoffeln heben.

2. Eier und flüssige Butter mit einem Kochlöffel unter die Kartoffelmasse rühren. Die Speisestärke mit dem Backpulver auf die Kartoffel-Eier-Masse sieben und zusammen mit der sauren Sahne und der Milch unterrühren. Den Teig mit Zucker, Salz, Pfeffer und Muskat abschmecken. Rührschüssel mit einem Teller abdecken und den Teig bei Zimmertemperatur ca. 10 Min. ruhen lassen.

3. Das Waffeleisen auf mittlerer Hitzestufe vorheizen. Wenn die Backtemperatur erreicht ist, die Backflächen mit wenig weicher Butter bepinseln. Knapp 5 EL Teig in die Mitte der unteren Backfläche geben und das Waffeleisen schließen. Die Waffel in 4–5 Min. goldgelb backen. Auf ein Kuchengitter legen, sodass die Waffel etwas auskühlen kann. Weitere Waffeln backen, bis der Teig aufgebraucht ist.

4. Die noch warmen Waffeln servieren. Zu dieser Rösti-Variante passt ein würzig angemachter Blattsalat mit Schnittlauch und Petersilie.

So klappt's
auch mit
dem Rösti.

Kräuter-Schmand-Waffeln

Kräuter-Schmand-Waffeln mit buntem Blattsalat

Der Frühling lässt grüßen!

Zubereitungszeit: **ca. 45 Min.**
Backzeit pro Waffel: **ca. 3 Min.**
Pro Stück: **ca. 355 kcal**

Für ca. 10 Waffeln
Für die Waffeln:
je 3 Stängel glatte Petersilie, Estragon und Koriandergrün
½ Bund Schnittlauch
100 g weiche, zimmerwarme Butter
300 g Schmand
½ gestrichener TL Salz | 1 EL Honig
4 zimmerwarme Eier
300 g Weizenmehl (Type 405)
50 g Hartweizengrieß
1 gestrichener TL Backpulver
100 ml kohlensäurehaltiges Mineralwasser
Für den Salat:
200 g gemischte Blattsalate
2 kleine Tomaten | 1 große Möhre
½ kleine Salatgurke
4 EL Rapsöl | 3 EL Rotweinessig
1 TL mittelscharfer Senf | Kräutersalz
schwarzer Pfeffer aus der Mühle
2 Prisen Zucker
3 EL gemischte, gehackte Kräuter
Außerdem:
weiche Butter fürs Waffeleisen

1. Für die Waffeln die Kräuter waschen und trocken schütteln. Die Petersilie und den Koriander mit den Stielen sehr klein schneiden. Estragonblättchen abzupfen und ebenfalls klein schneiden. Den Schnittlauch in feine Röllchen schneiden.

2. Die Butter mit dem Schmand, Salz und dem Honig in eine große Rührschüssel geben und mit den Quirlen des Handrührgerätes in ca. 2 Min. cremig rühren. Die Eier nacheinander unterrühren. Jedes Ei erst vollständig unterrühren, bevor das nächste zugegeben wird. Nochmals ca. 5 Min. weiterrühren, bis eine schaumige Masse entstanden ist.

3. Mehl mit Grieß und Backpulver mischen, auf die Butter-Eier-Creme geben und mit dem Teigspatel oder Schneebesen rasch zusammen mit dem Mineralwasser unterrühren, sodass ein glatter Teig entsteht. Die gehackten Kräuter untermengen. Die Schüssel mit einem Teller abdecken und den Teig bei Zimmertemperatur noch ca. 10 Min. ruhen lassen.

4. Für den Salat Blattsalate putzen, die groben unteren Rippen abschneiden, die Blätter waschen und trocken schleudern.

5. Die Tomaten waschen, die Stielansätze entfernen und das Fruchtfleisch in feine Spalten schneiden. Die Möhre schälen und fein raspeln. Die Salatgurke schälen und in feine Scheiben schneiden. In einer Salatschüssel das Öl mit Rotweinessig und Senf mischen. Das Dressing mit Kräutersalz, Pfeffer und Zucker würzen. Die gehackten Kräuter unterrühren.

6. Das Waffeleisen auf mittlerer Hitzestufe vorheizen. Wenn die Backtemperatur erreicht ist, die Backflächen mit wenig Butter bepinseln. Etwa 3 EL Teig in die Mitte der unteren Backfläche geben. Das Waffeleisen ohne Druck schließen. Die Waffel in ca. 3 Min. goldgelb backen. Auf ein Kuchengitter legen, sodass die Waffel etwas abkühlen kann. Weitere Waffeln backen, bis der Teig aufgebraucht ist.

7. Die Blattsalate, Tomaten, Möhrenraspel und Gurkenscheiben zum Dressing in die Schüssel geben und alles gut miteinander mischen. Den Salat mit den noch warmen Waffeln servieren.

SALAT-VARIANTE: MELONEN-GURKEN-SALAT

In der Sommerzeit passt zu den Kräuter-Schmand-Waffeln auch sehr gut ein Melonen-Gurken-Salat mit feinem Portwein-Dressing. Hierzu **200 g Blattsalate** putzen, waschen und trocken schleudern. **1 kleine Netzmelone** halbieren und mit einem Löffel die Kerne herauskratzen. Das Fruchtfleisch aus den Schalen schneiden und würfeln. ½ **Salatgurke** schälen, längs halbieren und in feine Stücke schneiden. Blattsalate, Melone und Gurke in einer Schüssel mischen. Für das Dressing **5 EL Rapsöl** mit **3 EL Portwein, 2 TL Zitronensaft, 1 TL mittelscharfem Senf, je 1 TL fein gehackten Dillspitzen und Pfefferminzblättchen, Salz, Pfeffer** und **2 Prisen Zucker** verrühren. Das Dressing auf den Salat geben und alles gut miteinander vermischen.

Möhrenwaffeln mit Haselnüssen

Kinderhit

Zubereitungszeit: **ca. 30 Min.**
Backzeit pro Waffel: **ca. 5 Min.**
Pro Stück: **ca. 420 kcal**

Für ca. 8 Waffeln
100 g Butter
50 g Haselnusskerne
300 g Möhren
4 zimmerwarme Eier
100 g Weizenmehl (Type 405)
50 g Hartweizengrieß
1 gestrichener TL Backpulver
100 g saure Sahne
100 ml Vollmilch
½ gestrichener TL Zucker
1 TL Salz
schwarzer Pfeffer aus der Mühle
½ TL Currypulver
200 g Crème fraîche
200 g Räucherlachsscheiben
30 g Zwiebelsprossen
Außerdem:
weiche Butter fürs Waffeleisen

1. Butter in einem kleinen Topf bei kleiner Hitze schmelzen, 5 Min. abkühlen lassen. Die Nüsse nicht zu fein hacken. Möhren schälen und mit einer mittelfeinen Reibe in eine große Rührschüssel raspeln.

2. Eier und flüssige Butter mit einem Kochlöffel unter die Möhren rühren. Mehl, Grieß sowie Backpulver mischen und auf die Möhrenmasse geben. Zusammen mit der sauren Sahne und der Milch unterrühren, bis ein glatter Teig entstanden ist. Diesen mit Zucker, Salz, Pfeffer und Curry abschmecken. Nüsse untermengen und den Teig zugedeckt bei Zimmertemperatur ca. 10 Min. ruhen lassen.

3. Für die Garnitur die Crème fraîche in einer kleinen Schüssel mit Salz und Pfeffer glatt verrühren.

4. Das Waffeleisen auf mittlerer Hitzestufe vorheizen. Wenn die Backtemperatur erreicht ist, die Backflächen mit wenig weicher Butter bepinseln. Knapp 5 EL Teig in die Mitte der unteren Backfläche geben. Das Waffeleisen ohne Druck schließen. Die Waffel in 4–5 Min. goldgelb backen. Zum Abkühlen auf ein Kuchengitter legen. Weitere Waffeln backen, bis der Teig vollständig aufgebraucht ist.

5. Die noch warmen Waffeln jeweils mit einem Klecks Crème fraîche, Räucherlachsscheiben und einigen Zwiebelsprossen belegen und servieren.

Keine Zwiebelsprossen in Sicht? Nimm 1 klein gewürfelte Schalotte.

Pinienkernwaffeln mit Pesto Calabrese

ein heißer Italiener

Zubereitungszeit: **ca. 35 Min.**
Backzeit pro Waffel: **ca. 3 Min.**
Pro Stück: **ca. 350 kcal**

Für ca. 10 Waffeln
125 g weiche, zimmerwarme Butter
1 EL Zucker | ½ gestrichener TL Salz
3 zimmerwarme Eier
240 g Weizenmehl (Type 405 oder 550)
2 gestrichene TL Backpulver
375 ml zimmerwarme Buttermilch
1 rote Paprikaschote | 1 rote Chilischote
1 kleine Schalotte
4 EL Rapsöl | 2 EL Olivenöl
2 EL Ricotta | 5 Basilikumblätter
30 g geriebener Parmesan
schwarzer Pfeffer aus der Mühle
70 g Pinienkerne
Außerdem:
weiche Butter fürs Waffeleisen

1. Butter mit Zucker und Salz in einer Rührschüssel mit den Quirlen des Handrührgerätes in ca. 2 Min. cremig rühren. Die Eier nacheinander unterrühren. Jedes Ei vollständig unterrühren, bevor das nächste zugegeben wird. Nochmals ca. 5 Min. weiterrühren, bis eine schaumige Masse entstanden ist.

2. Das Mehl mit dem Backpulver mischen und auf die Butter-Eier-Creme sieben. Mehlmischung mit dem Teigspatel oder Schneebesen rasch gemeinsam mit der Buttermilch unter die Creme rühren, sodass ein glatter Teig entsteht. Diesen zugedeckt bei Zimmertemperatur noch ca. 10 Min. ruhen lassen.

3. Inzwischen für das Pesto Paprika- und Chilischote waschen, abtrocknen, beide Schoten halbieren, entkernen und klein schneiden. Schalotte schälen und klein schneiden. Paprika-, Chili- und Schalottenstücke mit den Ölen, Ricotta, Basilikum und Parmesan in einem hohen Rührbecher mit dem Pürierstab fein mixen. Mit Salz und Pfeffer würzen.

4. Das Waffeleisen auf mittlerer Hitzestufe vorheizen. Wenn die Backtemperatur erreicht ist, die Backflächen mit wenig Butter bepinseln. Knapp 1 EL Pinienkerne auf der unteren Backfläche verteilen und 3 EL Teig daraufgeben. Das Waffeleisen schließen. Die Waffel in ca. 3 Min. goldgelb backen, dann auf ein Kuchengitter legen. Weitere Waffeln backen, bis der Teig aufgebraucht ist. Die noch warmen Waffeln mit dem Pesto servieren.

Pizzawaffeln

fein für Groß und Klein

Zubereitungszeit: **ca. 45 Min.**
Ruhezeit: **ca. 1 Std.**
Backzeit pro Waffel: **ca. 3 Min.**
Pro Stück: **ca. 330 kcal**

Für ca. 10 Waffeln
300 g Dinkelmehl (Type 630)
15 g frische Hefe
1 gestrichener TL Zucker
½ gestrichener TL Salz
1–2 TL getrocknete italienische Kräuter
8 EL Olivenöl | 2 Eier
150 g Mozzarella
50 g getrocknete Tomaten
3 Stängel Basilikum
200 g Kirschtomaten | 150 g Rucola
70 g Parmesankäse am Stück
200 g Parmaschinken in Scheiben
schwarzer Pfeffer aus der Mühle
Außerdem:
Olivenöl fürs Waffeleisen

1. Mehl in eine große Rührschüssel sieben. In die Mitte eine Mulde drücken. Die Hefe hineinbröckeln. Zucker, Salz, Kräuter, 4 EL Olivenöl, Eier und 270 ml lauwarmes Wasser dazugeben. Mit den Knethaken des Handrührgerätes alle Zutaten in der Schüssel zu einem glatten Teig kneten. Diesen abgedeckt bei Zimmertemperatur ca. 1 Std. gehen lassen.

2. Inzwischen Mozzarella abtropfen lassen. Getrocknete Tomaten in feine Streifen, den Mozzarella in ca. 1 cm große Würfel schneiden. Basilikum waschen, trocken schütteln, die Blättchen abzupfen und diese in feine Streifen schneiden. Die Tomaten- und Basilikumstreifen sowie die Mozzarellawürfel mit dem Spatel unter den Hefeteig rühren.

3. Kirschtomaten waschen und in kleine Scheiben schneiden. Rucola waschen und trocken schleudern. Mit einem Sparschäler feine Späne vom Parmesankäse hobeln. Parmaschinken in mundgerechte Stücke schneiden.

4. Das Waffeleisen auf mittlerer Hitzestufe vorheizen. Wenn die Backtemperatur erreicht ist, die Backflächen mit wenig Olivenöl bepinseln. Knapp 3 EL Teig in die Mitte der unteren Backfläche geben und das Waffeleisen schließen. Waffel in ca. 3 Min. goldgelb backen und auf ein Kuchengitter legen. Weitere Waffeln backen, bis der Teig aufgebraucht ist.

5. Die noch warmen Waffeln mit Rucola, Tomatenscheiben und Parmaschinken belegen. Parmesan darüberstreuen. Waffeln kräftig mit schwarzem Pfeffer übermahlen und mit Olivenöl beträufeln.

Raclette-Waffeln

So liebt's die Schweiz!

Zubereitungszeit: **ca. 30 Min.**
Backzeit pro Waffel: **ca. 4 Min.**
Pro Stück: **ca. 185 kcal**

Für ca. 8 Waffeln
300 g mehligkochende Kartoffeln
1 Zwiebel
4 zimmerwarme Eier
200 g Raclette-Käse
100 g saure Sahne
4 gestrichene EL Mehl
ca. 3/4 TL Salz
2 Prisen Zucker
schwarzer Pfeffer aus der Mühle
Außerdem:
weiche Butter fürs Waffeleisen

Warum und wieso ...

... soll ich den Teig vor dem Backen noch ruhen lassen? In dieser Zeit löst sich das Klebereiweß aus dem Mehl und andere Zutaten, wie z. B. Grieß oder gemahlene Mandeln, können in dem meist etwas flüssigen Teig ausquellen. All das verbessert die Backeigenschaften des Teiges und sorgt für den perfekten Waffelgenuss.

1. Die Kartoffeln schälen und mit der Rohkostreibe grob in eine Rührschüssel raspeln. Die Zwiebel schälen, klein würfeln und unter die Kartoffelraspel heben. Die Eier nach und nach mit einem Kochlöffel unter die Kartoffel-Zwiebel-Mischung rühren. Den Raclettekäse entrinden und grob raspeln. Käse und saure Sahne mit Mehl und Salz unter die Kartoffelmasse rühren. Diese mit Zucker und Pfeffer abschmecken. Die Schüssel mit einem Teller abdecken und den Teig bei Zimmertemperatur ca. 15 Min. ruhen lassen.

2. Das Waffeleisen auf mittlerer Hitzestufe vorheizen. Wenn die Backtemperatur erreicht ist, die Backflächen mit wenig weicher Butter bepinseln. Etwa 3 EL Teig in die Mitte der unteren Backfläche geben. Das Waffeleisen ohne Druck schließen. Die Waffel in ca. 4 Min. goldgelb backen. Auf ein Kuchengitter legen, sodass die Waffel etwas abkühlen kann. Weitere Waffeln backen, bis der Teig vollständig aufgebraucht ist. Die noch warmen Waffeln sofort servieren.

Hierzu passt ein Glas gekühlter, fruchtiger Weißwein!

Rote-Bete-Waffeln mit Meerrettichschmand

nicht nur optisch eine Wucht!

Zubereitungszeit: **ca. 35 Min.**
Backzeit pro Waffel: **ca. 4 Min.**
Pro Stück: **ca. 315 kcal**

Für ca. 8 Waffeln
Für die Waffeln:
180 g gekochte Rote Bete (vakuumverpackt)*
100 g Sahne | 120 ml Vollmilch
2 zimmerwarme Eier
65 g Rapsöl
½ gestrichener TL Kräutersalz
schwarzer Pfeffer aus der Mühle
200 g Weizenmehl (Type 405)
½ gestrichener TL Backpulver
Für den Meerrettichschmand:
200 g Schmand
ca. 2 TL geriebener Meerrettich (aus dem Glas)
Kräutersalz
schwarzer Pfeffer aus der Mühle
Für die Garnitur:
2 Stängel Dill
80 g Keta-Kaviar (Lachskaviar)
Außerdem:
Öl fürs Waffeleisen

* Beim Arbeiten mit Rote Beten am besten Einmalhandschuhe tragen, damit Deine Hände nicht rot werden.

1. Rote Beten klein würfeln. Mit Sahne, Milch, Eiern, Öl, Kräutersalz und Pfeffer in einen hohen Rührbecher geben und mit dem Pürierstab sehr fein mixen, bis keine Rote-Bete-Stückchen mehr zu sehen sind. Mehl und Backpulver dazugeben und unter die Masse mixen, dabei nicht zu lange mixen, sonst wird der Teig zäh. Teig ca. 10 Min. ruhen lassen.

2. Inzwischen für den Meerrettichschmand den Schmand mit 1–2 TL geriebenem Meerrettich verrühren. Die Creme mit Kräutersalz und Pfeffer würzen. Dill für die Garnitur waschen, trocken schütteln und die Dillspitzen abzupfen.

3. Das Waffeleisen auf mittlerer Hitzestufe vorheizen. Wenn die Backtemperatur erreicht ist, die Backflächen mit etwas Öl einpinseln. Etwa 3 EL Teig in die Mitte der unteren Backfläche geben. Waffeleisen schließen. Waffel 3–4 Min. backen. Zum Abkühlen auf ein Kuchengitter legen. Weitere Waffeln backen, bis der Teig vollständig aufgebraucht ist.

4. Die noch warmen Waffeln mit je einem Klecks Meerrettichschmand, Keta-Kaviar und einigen Dillspitzen belegt servieren.

Spinat-Ziegenkäse-Waffeln

für Gäste und Feste!

Zubereitungszeit: **ca. 35 Min.**
Backzeit pro Waffel: **ca. 3 Min.**
Pro Stück: **ca. 345 kcal**

Für ca. 10 Waffeln
130 g TK-Blattspinat *
70 g Mandelstifte
200 g Ziegenfrischkäse
3 zimmerwarme Eier
125 ml Rapsöl
200 g Weizenmehl (Type 405)
50 g Hartweizengrieß
2 gestrichene TL Backpulver
250 ml Vollmilch
3/4 gestrichener TL Salz
schwarzer Pfeffer aus der Mühle
2 Prisen frisch geriebene Muskatnuss
Außerdem:
Öl fürs Waffeleisen

* Den TK-Blattspinat zum Auftauen schon 2 Stunden vorher aus dem Tiefkühlgerät nehmen.

1. Spinat in ein Sieb geben und auftauen lassen. Inzwischen die Mandelstifte in einer beschichteten Pfanne ohne Fett bei mittlerer Hitze rösten, bis sie leicht gebräunt sind und anfangen zu duften. Dann die Mandelstifte sofort zum Abkühlen auf einen Teller geben.

2. Den Ziegenfrischkäse in eine große Rührschüssel geben und mit den Quirlen des Handrührgerätes cremig rühren. Die Eier nacheinander unterrühren. Jedes Ei erst vollständig unterrühren, bevor das nächste Ei zugegeben wird. Die Creme 5 Min. weiterrühren. Das Öl unterrühren. Mehl mit Grieß und Backpulver mischen, auf die Käse-Eier-Masse geben und zusammen mit der Milch mit einem Teigspatel nach und nach unterrühren.

3. Den ausgedrückten Spinat nicht zu fein mit einem scharfen Messer hacken und unter den Teig mengen. Diesen mit Salz, Pfeffer und Muskatnuss abschmecken. Die Mandelstifte unter den Teig heben. Rührschüssel mit einem Teller abdecken und den Teig bei Zimmertemperatur noch ca. 15 Min. ruhen lassen.

4. Das Waffeleisen auf mittlerer Hitzestufe vorheizen. Wenn die Backtemperatur erreicht ist, die Backflächen mit wenig Öl bepinseln. Etwa 3 EL Teig in die Mitte der unteren Backfläche geben. Waffeleisen schließen. Die Waffel in ca. 3 Min. goldgelb backen. Dann zum Abkühlen auf ein Kuchengitter legen. Weitere Waffeln backen, bis der Teig aufgebraucht ist. Die noch warmen Waffeln sofort servieren.

Waffeln mit Fetakäse

griechisch inspiriert

Zubereitungszeit: **ca. 30 Min.**
Backzeit pro Waffel: **ca. 3 Min.**
Pro Stück: **ca. 260 kcal**

Für ca. 8 Waffeln
90 g weiche, zimmerwarme Butter
3 zimmerwarme Eier
150 g Naturjoghurt
110 g Weizenmehl (Type 405)
75 g Weizenvollkornmehl
1 gestrichener TL Backpulver
110 ml Vollmilch
50 g getrocknete Tomaten
110 g Schafskäse (Feta)
1 Beutel Pfefferminztee
1 TL getrockneter Oregano
Salz
Außerdem:
weiche Butter fürs Waffeleisen
schwarzer Pfeffer zum Bestreuen

1. Die weiche Butter in eine große Rührschüssel geben und mit den Quirlen des Handrührgerätes kurz durchrühren. Die Eier nacheinander unterrühren. Jedes Ei zuerst vollständig unterrühren, bevor das nächste zugegeben wird. Den Joghurt zur Butter-Eier-Mischung geben und ca. 5 Min. weiterrühren, bis eine schaumige Masse entstanden ist.

2. Beide Mehlsorten mit dem Backpulver mischen und auf die Masse sieben. Mit dem Teigspatel oder Schneebesen das Mehlgemisch rasch unterrühren, dabei die Milch zugeben und den Teig glatt rühren. Die getrockneten Tomaten und den Fetakäse in kleine Stücke schneiden. Den Teebeutel aufschneiden und Minze, Feta, Tomaten, Oregano sowie 1 Messerspitze Salz mit dem Spatel unter den Teig rühren. Diesen abgedeckt bei Zimmertemperatur ca. 10 Min. ruhen lassen.

3. Das Waffeleisen auf mittlerer Hitzestufe vorheizen. Wenn die Backtemperatur erreicht ist, die Backflächen mit wenig weicher Butter bepinseln. Etwa 3 EL Teig in die Mitte der unteren Backfläche geben und das Waffeleisen ohne Druck schließen. Die Waffel in ca. 3 Min. goldgelb backen. Zum Abkühlen auf ein Kuchengitter legen. Weitere Waffeln backen, bis der Teig aufgebraucht ist.

4. Die noch warmen Waffeln mit schwarzem Pfeffer bestreuen und sofort servieren.

Zaziki und schwarze Oliven dazu genießen

Das passt
zu pikanten Waffeln

AVOCADODIP

* **2 vollreife Avocados** längs halbieren und jeweils den Stein entfernen. Das Avocadofruchtfleisch mit einem Teelöffel aus den Schalenhälften lösen, in einen elektrischen Standmixer geben. **1 Bio-Zitrone** heiß waschen, abtrocknen und etwas Zitronenschale mit einer Mikroreibe abreiben. 2 EL Saft auspressen. **1 Knoblauchzehe** schälen und klein würfeln. **1 kleine rote Chilischote** waschen, putzen, längs halbieren und ohne Kerne in kleine Stücke schneiden. **2 Stängel Koriandergrün** ebenfalls waschen, trocken schütteln und mit den Stielen klein schneiden. Zitronensaft und -schale sowie Knoblauch, Chilischote, Koriandergrün und **100 g Naturjoghurt** zur Avocoado in den Mixer geben und alles fein pürieren. Den Dip mit **Salz** und **schwarzem Pfeffer aus der Mühle** würzen. Bis zum Servieren kalt stellen.

GEMÜSERAITA

* **1 kleine Salatgurke (ca. 250 g)** schälen, halbieren, entkernen und grob raspeln. Gurkenraspel in ein Sieb geben und 10 Min. abtropfen lassen, gut ausdrücken. **1 große Möhre** schälen, ebenfalls grob raspeln und in eine Schüssel geben. **1 Knoblauchzehe** schälen und fein hacken. **1 Stück frischen Ingwer (ca. 3 cm)** schälen und fein reiben. Gurken- und Möhrenraspel mit dem Knoblauch und dem Ingwer mischen. **2 EL Zitronensaft** und **350 g Naturjoghurt** unterrühren. Raita mit **½ TL gemahlenem Kreuzkümmel, ½ TL Currypulver, Kräutersalz** und **Pfeffer** würzen. Mindestens 2 Std. kalt stellen.

FEINE KRÄUTERQUARKCREME

* In einem kleinen Topf **1 Ei** mit Wasser bedecken, zum Kochen bringen und bei mittlerer Hitze ca. 12 Min. kochen lassen. Danach das Ei mit einem Löffel herausnehmen und unter kaltem Wasser abschrecken. In einer Schüssel **200 g Magerquark** mit **150 g Doppelrahmfrischkäse** mit dem Schneebesen verrühren. **100 g Gruyère-Käse** mit einer Reibe fein reiben und mit **4 EL Milch** unter die Quarkcreme rühren. **1 kleine Schalotte** schälen und in kleine Würfel schneiden. **½ Bund gemischte Kräuter** (z. B. Schnittlauch, Petersilie, Dill, Basilikum, Estragon, Koriandergrün) waschen, trocken schütteln, die Blätter abzupfen und klein schneiden. Das Ei pellen und fein hacken. Schalotte, Kräuter und gehacktes Ei unter die Quarkcreme rühren. Mit **1–2 TL edelsüßem Paprikapulver, Salz** und **schwarzem Pfeffer** abschmecken. Kalt stellen.

MAROKKANISCHE SALSA

* **2 vollreife Tomaten, 1 kleinen Zucchino** sowie **1 gelbe Paprikaschote** waschen, putzen und klein würfeln. In eine Schüssel geben. **1 kleine Zwiebel** schälen und in kleine Würfel schneiden. **3 Stängel glatte Petersilie** und **1 Stängel Pfefferminze** waschen, trocken schütteln, die Blättchen abzupfen und in feine Streifen schneiden. Kräuter mit **4 EL Olivenöl, 2 EL Rotweinessig, ½ TL Harissa aus der Tube (marokkanische Gewürzpaste)** und **1/4 TL Zucker** unter das Gemüse mischen. Salsa mit **Salz** und **Pfeffer** abschmecken und anschließend bis zum Servieren kalt stellen.

Damit Du Rezepte noch schneller findest, sind in diesem Register auch beliebte Hauptzutaten wie Buttermilch und Tomaten alphabetisch eingeordnet und hervorgehoben. Darunter findest Du das Rezept Deiner Wahl. Vegetarische Rezepte sind grün abgesetzt.

A

Ahornsirup
Passionsfrucht-Ahornsirup-Creme 17
Vollkorn-Nuss-Waffeln mit Ahornsirup 74
Amarenawaffeln 22
Ananas (Dose): Glutenfreie Kokoswaffeln mit Ananasquark (Variante) 49
Apéro-Waffeln 86
Apfel
Muttis Feinwaffeln mit Apfelkompott 61
Obstsalat mit Passionsfrucht 83
Aprikosen, getrocknete: Honig-Aprikosen-Waffeln 41
Aprikosen-Rosmarin-Kompott 83
Avocadodip 122
Avocadowaffeln mit Tomatensalsa 90

B

Banane
Marzipanwaffeln mit Banane 54
Obstsalat mit Passionsfrucht 83
Beeren, gemischte: Rote Grütze (Grundrezept) 14
Belgische Waffeln mit Erdbeeren 26
Biskuitwaffeln 29
Blattsalat
Kräuter-Schmand-Waffeln mit buntem Blattsalat 106
Melonen-Gurken-Salat (Salat-Variante) 107
Blätterteig: Apéro-Waffeln 86
Brombeermark mit Quarksahne (Topping-Variante) 35
Buchweizenwaffeln mit geräucherter Forelle 92
Buchweizenwaffeln mit Preiselbeeren 30
Buttermilch
Buchweizenwaffeln mit geräucherter Forelle 92
Eierlikörwaffeln mit Heidelbeersahne 34
Pinienkernwaffeln mit Pesto Calabrese 111

C/D

Chilischote
Avocado-Dip 122
Avocadowaffeln mit Tomatensalsa 90
Chiliwaffeln 95
Pinienkernwaffeln mit Pesto Calabrese 111
Chorizo: Apéro-Waffeln 86
Cornichons
Croque-Monsieur-Waffeln 98
Vegetarische Croque-Monsieur-Waffeln (Variante) 99
Cranberrys: Haferflockenwaffeln mit Cranberrys 36
Crème double: Kokoswaffeln mit Mangocreme 48
Crème fraîche: Möhrenwaffeln mit Haselnüssen 108
Croque-Monsieur-Waffeln 98
Croque-Monsieur-Waffeln, Vegetarische (Variante) 99
Dinkelmehl: Pizzawaffeln 112

E

Eierlikörwaffeln mit Heidelbeersahne 34
Erdbeeren: Belgische Waffeln mit Erdbeeren 26

F

Feine Kräuterquarkcreme 123
Feine Orangensauce 67
Feine Vanillesauce 82
Fetakäse: Waffeln mit Feta_käse 120
Forelle, geräucherte: Buchweizenwaffeln mit geräucherter Forelle 92
Frischkäse
Apéro-Waffeln 86
Feine Kräuterquarkcreme 123
Indische Waffeln 100
Vegetarische Croque-Monsieur-Waffeln (Variante) 99
Frischkäse, laktosefrei: Passionsfrucht-Ahornsirup-Creme 17

G

Gemüseraita 122
Glutenfreie Kokoswaffeln mit Ananasquark (Variante) 49
Glutenfreie Waffeln (Info) 16
Granola, Müsliwaffeln mit 58
Grütze, Rote (Grundrezept) 14
Gurke
Gemüseraita 122
Kräuter-Schmand-Waffeln mit buntem Blattsalat 106
Melonen-Gurken-Salat (Salat-Variante) 107

H

Haferflockenwaffeln mit Cranberrys 36
Hartweizengrieß
Kräuter-Schmand-Waffeln mit buntem Blattsalat 106

Möhrenwaffeln mit Haselnüssen 108
Spinat-Ziegenkäse-Waffeln 118
Haselnüsse
Möhrenwaffeln mit Haselnüssen 108
Vollkorn-Nuss-Waffeln mit Ahornsirup 74
Hefewaffeln mit Safran 38
Heidelbeeren
Eierlikörwaffeln mit Heidelbeersahne 34
Heidelbeer-Mascarpone-Creme (Topping-Variante) 27
Himbeeren: Waffelturm mit Litschis 78
Honig-Aprikosen-Waffeln 41

I/J

Indische Waffeln 100
Joghurt
Avocado-Dip 122
Avocadowaffeln mit Tomatensalsa 90
Gemüseraita 122
Joghurtwaffeln 42
Waffeln mit Fetakäse 120

K

Käse
Croque-Monsieur-Waffeln 98
Feine Kräuterquarkcreme 123
Pinienkernwaffeln mit Pesto Calabrese 111
Pizzawaffeln 112
Raclettewaffeln 114
Vegetarische Croque-Monsieur-Waffeln (Variante) 99
Waffeln mit Fetakäse 120
Karamellbrotaufstrich: Karamellwaffeln 45
Karamellsauce mit Walnüssen 82
Kartoffeln
Kartoffelwaffeln 102
Raclettewaffeln 114
Keta-Kaviar: Rote-Bete-Waffeln mit Meerrettichschmand 117
Kichererbsenmehl: Indische Waffeln 100
Kokosflocken
Glutenfreie Kokoswaffeln mit Ananasquark (Variante) 49
Kokoswaffeln mit Mangocreme 48
Kokosmilch
Glutenfreie Kokoswaffeln mit Ananasquark (Variante) 49
Kokospuddingcreme 17
Kokoswaffeln mit Mangocreme 48
Kräuterquarkcreme, Feine 123
Kräuter-Schmand-Waffeln mit buntem Blattsalat 106

L

Laktosefreie Waffeln (Info) 16
Lemon-Curd: Zitronen-Schmand-Waffeln 81
Limetten-Knusperwaffeln 50
Litschis: Waffelturm mit Litschis 78

M

Mandeln
Aprikosen-Rosmarin-Kompott 83
Mandelwaffeln 52
Spinat-Ziegenkäse-Waffeln 118
Waffelturm mit Litschis 78
Mango
Kokoswaffeln mit Mangocreme 48
Mangosalsa (Topping-Variante) 91
Obstsalat mit Passionsfrucht 83
Marokkanische Salsa 123
Marzipanwaffeln mit Banane 54
Mascarpone
Belgische Waffeln mit Erdbeeren 26
Waffeln mit Mascarpone und Olivenöl 76
Meerrettich: Rote-Bete-Waffeln mit Meerrettich-Schmand 117
Melonen-Gurken-Salat (Salat-Variante) 107
Milchreis: Reiswaffeln 68
Möhre
Gemüseraita 122
Möhrenwaffeln mit Haselnüssen 108
Kräuter-Schmand-Waffeln mit buntem Blattsalat 106
Müsliwaffeln mit Granola 58
Muttis Feinwaffeln mit Apfelkompott 61

N

Nüsse, gemischte: Schokomüsliwaffeln mit Nussgranola (Variante) 59
Nugatcreme: Sauerkirschwaffeln mit Schokoladen-Nugat-Sahne 70

O

Obstsalat mit Passionsfrucht 83
Olivenöl: Waffeln mit Mascarpone und Olivenöl 76
Orangen
Obstsalat mit Passionsfrucht 83
Orangensauce, Feine 67

P

Paprikaschote
Marokkanische Salsa 123
Pinienkernwaffeln mit Pesto Calabrese 111
Passionsfrüchte
Obstsalat mit Passionsfrucht 83
Passionsfrucht-Ahornsirup-Creme 17
Passionsfruchtwaffeln 62
Pesto: Apéro-Waffeln 86

Pinienkerne
Honig-Aprikosen-Waffeln 41
Pinienkernwaffeln mit Pesto Calabrese 111
Pistazienwaffeln 66
Pizzawaffeln 112
Polentagrieß
Chiliwaffeln 95
Honig-Aprikosen-Waffeln 41
Preiselbeerkonfitüre: Buchweizenwaffeln mit Preiselbeeren 30

Q

Quark
Brombeermark mit Quarksahne (Topping-Variante) 35
Glutenfreie Kokoswaffeln mit Ananasquark (Variante) 49
Karamellwaffeln 45

R

Raclettewaffeln 114
Räucherlachs: Möhrenwaffeln mit Haselnüssen 108
Reiswaffeln 68
Rhabarber: Waffeln mit Mascarpone und Olivenöl 76
Rote Grütze (Grundrezept) 14
Rosmarin: Aprikosen-Rosmarin-Kompott 83
Rote-Bete-Waffeln mit Meerrettichschmand 117
Rucola: Pizzawaffeln 112

S

Safran: Hefewaffeln mit Safran 38
Sahne
Belgische Waffeln mit Erdbeeren 26
Brombeermark mit Quarksahne (Topping-Variante) 35
Buchweizenwaffeln mit Preiselbeeren 30
Eierlikörwaffeln mit Heidelbeersahne 34
Feine Vanillesauce 82
Glutenfreie Kokoswaffeln mit Ananasquark (Variante) 49
Müsliwaffeln mit Granola 58
Reiswaffeln 68
Rote-Bete-Waffeln mit Meerrettich-Schmand 117
Sauerkirschwaffeln mit Schokoladen-Nugat-Sahne 70
Waffelturm mit Litschis 78
Sahnejoghurt
Joghurtwaffeln 42
Pistazienwaffeln 66
Sahnequark, laktosefrei: Passionsfrucht-Ahornsirup-Creme 17
Salsa, Marokkanische 123
Sauerkirschen
Rote Grütze (Grundrezept) 14
Sauerkirschwaffeln mit Schokoladen-Nugat-Sahne 70
Saure Sahne
Chiliwaffeln 95
Kartoffelwaffeln 102
Möhrenwaffeln mit Haselnüssen 108
Raclettewaffeln 114
Schinken
Croque-Monsieur-Waffeln 98
Pizzawaffeln 112
Schmand
Buchweizenwaffeln mit geräucherter Forelle 92
Kräuter-Schmand-Waffeln mit buntem Blattsalat 106
Rote-Bete-Waffeln mit Meerrettich-Schmand 117
Zitronen-Schmand-Waffeln 81
Schnittlauch:
Buchweizenwaffeln mit geräucherter Forelle 92
Schokoladenwaffeln 73
Schokomüsliwaffeln mit Nussgranola (Variante) 59
Spinat-Ziegenkäse-Waffeln 118
Süße Waffeln (Grundrezept) 10

T

Tapenade: Apéro-Waffeln 86
Tomaten
Avocadowaffeln mit Tomatensalsa 90
Croque-Monsieur-Waffeln 98
Kräuter-Schmand-Waffeln mit buntem Blattsalat 106
Marokkanische Salsa 123
Pizzawaffeln 112
Vegetarische Croque-Monsieur-Waffeln (Variante) 99
Tomaten, getrocknete
Pizzawaffeln 112
Waffeln mit Fetakäse 120

V

Vanillesauce, Feine 82
Vegane Waffeln (Info) 17
Vegetarische Croque-Monsieur-Waffeln (Variante) 99
Vollkorn-Nuss-Waffeln mit Ahornsirup 74

W

Waffeln mit Fetakäse 120
Waffeln mit Mascarpone und Olivenöl 76
Waffeln, Süße (Grundrezept) 10
Waffelturm mit Litschis 78
Walnüsse: Karamellsauce mit Walnüssen 82
Weizenvollkornmehl
Vollkorn-Nuss-Waffeln mit Ahornsirup 74
Waffeln mit Fetakäse 120

Z

Ziegenfrischkäse: Spinat-Ziegenkäse-Waffeln 118
Zitronen-Schmand-Waffeln 81
Zucchini: Marokkanische Salsa 123